10 18
12, avenue d'Italie — Paris XIIIe

Du même auteur
dans la collection 10/18

LE BOXEUR MANCHOT, n° 1464
LE PRINTEMPS ROMAIN DE MRS STONE, n° 1465
LA QUÊTE DU CHEVALIER, n° 1555
UNE FEMME NOMMÉE MOÏSE, n° 1556
SUCRE D'ORGE, n° 1557
LE POULET TUEUR ET LA FOLLE HONTEUSE, n° 2247
UN TRAMWAY NOMMÉ DÉSIR, n° 2565
LA CHATTE SUR UN TOIT BRÛLANT, n° 2587
BABY DOLL, n° 2628
SOUDAIN L'ÉTÉ DERNIER, n° 2664
LA MÉNAGERIE DE VERRE, n° 2688

LA NUIT DE L'IGUANE

suivi de

LE LONG SÉJOUR INTERROMPU

et de

VINGT-SEPT REMORQUES PLEINES DE COTON

(Théâtre 6)

PAR

TENNESSEE WILLIAMS

Traduits de l'américain
par Marcel AYMÉ
et Jacques GUICHARNAUD

« Domaine étranger »
dirigé par Jean-Claude Zylberstein

LAFFONT

Titres originaux :
The Night of the Iguana
The Long Stay cut short, or
The Unsatisfactory Supper
Twenty-Seven Wagons full of cotton

ISBN 2-264-02187-X

LA NUIT DE L'IGUANE

(THE NIGHT OF THE IGUANA)

Adaptation française de Marcel Aymé

PERSONNAGES

MAXINE FAULK
SHANNON
HANK
PANCHO
PEDRO
MISS FELLOWES
HANNAH
CHARLOTTE
NONNO
HILDA
HERR FAHRENKOPF
FRAU FAHRENKOPF
WOLFGANG
J. LATTA

L'action se passe au cours de l'été de 1940, dans un hôtel plutôt rustique, La Costa Verde, *qui, comme son nom l'indique, est situé au sommet d'une colline couverte d'une forêt tropicale et surplombant la «* caleta *» ou « plage du matin » de Puerto Barrio au Mexique. Mais ce n'est décidément pas le Puerto Barrio d'aujourd'hui. À l'époque, il y a vingt ans, la côte ouest du Mexique n'était pas encore devenue le Las Vegas et le Miami Beach du Mexique. Les villages étaient encore, pour la plupart, des villages primitifs d'Indiens et les eaux mortes de la plage du matin de Puerto Barrio et la forêt tropicale au-dessus étaient parmi les endroits les plus sauvages et les plus jolis des lieux habités du monde.*

Le décor de la pièce est la large véranda de l'hôtel. Cette véranda couverte se trouve sur les quatre côtés de la construction entourée d'une balustrade en bois de style tropical et quelque peu délabrée, mais sur la scène nous voyons seulement la façade et un côté.

Au-dessous de la véranda, qui s'élève un peu au-dessus du niveau de la scène, se trouvent des buissons de fleurs aux couleurs vives, en forme de trompette, et quelques cactus, tandis que sur les côtés nous voyons le feuillage de la brousse envahissante. D'un côté se dresse un grand cocotier incliné dont le tronc porte des encoches pour permettre de monter couper les noix de coco qui servent à faire des rhums-coco. Sur le mur du fond de la véranda se trouvent les portes d'une série de petites cellules faisant office de chambres devant lesquelles des moustiquaires forment écran. Pour les scènes de nuit, les chambres sont éclairées à l'intérieur, de sorte que chaque cellule apparaît comme une petite scène et les moustiquaires donnent un effet flou au faible éclairage de l'intérieur. Un sentier, qui descend à travers la forêt tropicale vers la route et la plage et dont le début est masqué par le feuillage, part de l'un des côtés de la véranda. Un hamac de toile est attaché aux piliers de la véranda et d'un côté se trouvent quelques vieux fauteuils à bascule en osier et des chaises longues en rotin.

ACTE PREMIER

Maxine Faulk, la propriétaire de l'hôtel, est une femme de quarante ans, très en chair, teint basané, affable et voluptueuse.

Elle est suivie de Pedro et de Pancho, deux Mexicains de vingt ans, d'un physique attrayant, tous deux employés à l'hôtel et amants occasionnels de la patronne.

Mme Faulk regarde vers le bas de la colline.

MAXINE, *appelant.*

Shannon !

VOIX DE SHANNON, *venant du bas.*

Hé ! oh !

MAXINE, *riant.*

Ah ! Mes espions m'ont signalé que tu étais revenu de ce côté de la frontière ! *(À Pedro :) ¡ Anda ! ¡ Hombre, anda ! (À Shannon :)* Ouais ! Mes espions m'ont dit que tu étais passé à Saltillo la semaine dernière avec un car plein de femmes, tout un car de femmes, rien que des femmes, ha ! Combien qu' t'en as étendues les quat' fers en l'air, hein ?

VOIX DE SHANNON, *plus proche, voix essoufflée.*

Ombre du grand César... arrête... de crier !

MAXINE

Pas étonnant qu' tu traînes les fesses ! Ha !

VOIX DE SHANNON

Dis au gosse de m'aider à monter ma valise.

MAXINE

¡ Pedro ! ¡ Anda — la maleta ! ¡ Pancho, no sea flojo ! Vete a traer el equipaje del señor. (Pedro ! Allez — la valise. Pancho, remue-toi ! Va chercher les bagages du monsieur.)

(Pancho débouche de la véranda et descend en courant sur le chemin de la forêt.
Pedro est monté sur un cocotier avec une machette et abat des noix de coco pour faire des rhums-coco.)

VOIX DE SHANNON

Fred ! Hé ! Fred !

MAXINE, *grave.*

Fred ne peut pas t'entendre, Shannon.

(Elle va ramasser une noix de coco qu'elle secoue contre son oreille pour s'assurer qu'elle est pleine.)

VOIX DE SHANNON

Où est Fred ? Parti pour la pêche ?

(Maxine tranche le bout de la noix de coco avec la machette.
Pancho arrive en trottant à la véranda avec la valise de Shannon — une Gladstone délabrée, couverte d'étiquettes de voyage du monde entier.
Puis Shannon apparaît, vêtu d'un costume de toile blanche tout fripé.
Il est à bout de souffle, suant, l'œil hagard.
C'est un Irlandais de trente-cinq ans.
Il est dans un état nerveux inquiétant. C'est un homme qui a déjà craqué et va craquer de nouveau et peut-être de façon répétée.)

MAXINE

Ah ! Laisse-moi un peu te regarder.

SHANNON

Ne me regarde pas. Habille-toi.

MAXINE

Dis donc, t'as l'air d'en avoir pris un coup.

SHANNON

Tu n'as pas l'air de t'en être privée non plus. Habille-toi.

MAXINE

Bon Dieu, mais je suis habillée ! Je ne m'habille jamais en septembre. Tu le sais bien.

SHANNON

Quand même... boutonne ta blouse.

MAXINE

Depuis quand est-ce que tu n'en veux plus ?

SHANNON

Je ne veux plus de quoi ?

MAXINE, *petit rire.*

D'alcool.

SHANNON

Ne parle pas d'alcool. La fièvre suffit à me tourner la tête. Quarante ce matin à Cuernavaca.

MAXINE

Qu'est-ce qui ne va pas ?

SHANNON

La fièvre... la fièvre... Où est Fred ?

MAXINE

Mort.

SHANNON

Qu'est-ce que tu dis ? Mort ?

MAXINE

C'est ce que je t'ai dit. Fred est mort.

SHANNON

Comment ?

MAXINE

Y a pas quinze jours, Fred s'est coupé la main avec un hameçon. Ça s'est infecté, l'infection s'est mise à galoper et il est mort en quarante-huit heures. *(À Pancho :) Vete !*

SHANNON

Nom de nom !

MAXINE

J'arrive pas à me figurer que c'est vraiment vrai.

SHANNON

Tu n'as pourtant pas l'air inconsolable.

MAXINE

Que veux-tu, mon p'tit, Fred était vieux. Près de quinze ans de plus que moi. On n'avait pas eu de relations depuis...

SHANNON

Qu'est-ce que ça a à voir ?

MAXINE

Étends-toi et prends un rhum-coco.

SHANNON

Non, non, je veux de la bière froide. Si je commence à boire des rhums-coco maintenant, je n'arrêterai plus d'en boire. Alors Fred est mort ? Moi qui me faisais une joie de me caler dans le hamac en faisant la conversation avec lui.

MAXINE

C'est comme ça. Fred, maintenant, il ne parle plus, Shannon. Ici, on est loin de tout. Suffit d'une plaie qui s'infecte et un diabétique ne s'en sort pas. *(On entend, venant d'en bas, le klaxon d'un autocar.)* Pourquoi que ton chargement de femmes ne monte pas ici ? Au lieu de klaxonner en bas ?

SHANNON

Laisse-les klaxonner, laisse. *(Il vacille un peu.)* J'ai une fièvre ! *(Il va vers le haut du chemin, écarte les buissons et crie vers le bas.)* Hank ! Hank ! Fais-les sortir de l'autocar et amène-les ici. Dis-leur que les prix sont O.K. Dis-leur que... *(La voix lui manque et il revient en titubant vers la véranda où il s'affale sur les dernières marches.)* Le pire groupe que j'aie eu en dix ans de voyages organisés. Pour l'amour de Dieu, aide-moi, je ne peux plus continuer. Il faut que je me repose un peu ici. *(Elle lui donne de la bière.)* Merci. Regarde et vois si elles sortent du car. *(Elle va au feuillage, l'écarte et regarde vers le bas.)* Sortent-elles de l'autocar ou restent-elles à l'intérieur, ces garces de fichues pingres ?... Des maîtresses d'école d'un collège baptiste de Blowing Rock, dans le Texas. Onze. Il y en a onze de ces chameaux-là.

MAXINE

Une belle équipe de football.

SHANNON

Oui, c'est moi qui leur sers de ballon. Sont-elles sorties du car ?

MAXINE

Y en a une de sortie. Elle s'en va dans les buissons.

SHANNON

Les chameaux, mais j'ai la clé de l'autocar dans ma poche, ici. Elles ne peuvent pas continuer sans moi, à moins d'aller à pied.

MAXINE

Elles n'arrêtent pas de klaxonner, ces idiotes.

SHANNON

Fantastique ! Et ce groupe, je ne peux pas le perdre. Les voyages Blake me mettent à l'épreuve parce que, le mois dernier, j'ai déjà eu un groupe qui a essayé de me faire saquer. Tu comprends ? Cette fois, c'est un piège que les voyages Blake m'ont tendu. Si ces onze punaises font toutes des réclamations, je suis saqué à coup sûr. Dis-moi, est-ce qu'elles sont encore dans l'autocar ? *(Il se soulève avec effort, va au buisson et crie vers le bas :)* Hank ! Fais-les sortir du carrrr ! Amène-les iciiiiii !

VOIX DE HANK, *d'en bas.*

Elles veulent retourner en viiiiiiille !

SHANNON, *criant.*

Elles ne peuvent pas retourner en viiiiiille ! — Ouf — *(À Maxine :)* Il y a eu cinq ans cet été, je conduisais pour Cook des voyages autour du monde pour des groupes sélects de financiers en retraite. Nous voyagions dans des caravanes de Pierce-Arrow et d'Hispano-Suiza. Est-ce qu'elles sortent du car ?

MAXINE

Dis donc, Shannon, mais tu vas tomber en morceaux !...

SHANNON

Non, je suis tombé. Je suis déjà tombé. *(Il se lève et crie vers le bas :)* Hank ! Monte ici ! Monte ici une minute ! J'ai à te parler ! *(À lui-même :)* Incroyable, fantastique...

(Il retombe sur les marches, la tête dans ses mains.)

MAXINE

Elles ne sortent pas du car, Shannon. Crois-moi, tes onze punaises, tu n'en viendras pas à bout dans l'état de nerfs où tu es, Shannon. Alors, laisse-les partir et toi, reste ici.

SHANNON

Tu sais où j'en suis. Si je me coule auprès des voyages Blake, qu'est-ce qui arrivera, hein ? Sabré, fichu, rayé de partout. Maxine, est-ce qu'elles sortent du car ? Est-ce qu'elles en sortent ?

MAXINE

Y a un homme qui monte la colline. Il arrive.

SHANNON

C'est Hank. Maxine, aide-moi à le faire basculer de notre côté.

MAXINE

Je vais lui donner un rhum-coco. C'est tout ce que je peux faire.

HANK, *souriant, arrive à la véranda.*

Shannon, les bonnes femmes, elles vont pas monter ici. Alors tu ferais mieux de revenir au car.

SHANNON

Hank, je ne descendrai pas au car. J'ai la clé dans ma poche et dans ma poche elle restera pendant les trois jours qui viennent.

HANK

Tu peux pas t'en tirer comme ça, Shannon. Nom de Dieu, elles sont fichues de retourner en ville à pied si tu ne rends pas la clé de l'autocar !

SHANNON

Elles tomberaient d'insolation comme des mouches sur cette route brûlée. Non ! *(Il pose une main sur l'épaule de Hank.)* Hank, le moment est venu de nous tenir les coudes.

HANK

C'est bien joli...

SHANNON

Quand on a affaire à un groupe aussi difficile que celui-là, toi le conducteur, et moi le directeur du groupe, devons nous unir pour veiller au grain. C'est maintenant une épreuve de force entre nous deux et un autobus entier de ces sacrées bon Dieu de punaises, Hank, tu le comprends ?

HANK

Ben... *(Il rit.)* Bien sûr, les punaises. Mais y a aussi la gosse qui n'arrête pas de pleurer sur la dernière banquette, que même c'est ce qui a tout flanqué par terre. Crénom, Shannon, je sais pas si tu te l'es envoyée, mais elles en sont toutes sûres et certaines, parce que la gosse en finit pas de pleurer !

SHANNON

Hank, voyons ! Je me fiche de ce qu'elles pensent. Un voyage conduit par T. Lawrence Shannon est sous ma responsabilité, complètement, itinéraire, hôtel avec tout ce qui s'ensuit. Autrement, je donne ma démission. Alors retourne en bas et fais-les sortir de l'autocar avant qu'elles ne suffoquent. Sors-les de force si c'est nécessaire et amène le troupeau ici. Tu m'entends ? Non, n'essaie pas de me sortir tes arguments. Maxine, ma belle, donne-lui un menu, donne-lui un de tes menus échantillons pour qu'il le montre à ces dames. Elle a ici un cuisinier chinois que j'ai ramené exprès pour elle d'un club chic de Shanghai, un chef de grande classe, un fanatique de la cuisine continentale qui peut même faire du bœuf à la Strogonoff et des plats Thermidor. Madame Faulk, mets-lui en main un de ces menus échantillons fantastiques. *(Maxine rit en tendant le menu, comme s'il s'agissait d'une farce.)* Merci. Et maintenant, retourne en bas et montre-leur ce menu fantastique. Décris-leur la vue qu'on a du haut de la colline. Dis-leur qu'on est ici en plein ciel, dis-leur...

HANK, *prenant le menu en hochant la tête.*

Tu ferais mieux de descendre avec moi.

SHANNON

Je ne peux pas quitter cette véranda pendant quarante-huit heures. Nom d'un tonnerre, qu'est-ce que c'est que ça ? Sûrement un dessin animé par Hieronymus Bosch !

(La famille allemande qui séjourne à l'hôtel, les Fahrenkopf, leur fille et leur gendre, fait soudain une entrée saisissante comme une apparition de rêve sur la scène.
Ils marchent en bande autour de la véranda et tournent ensuite dans le chemin de la brousse.
Ils sont tous vêtus avec le minimum de décence et sont tous roses et dorés comme des cupidons baroques de tailles différentes, à la Rubens, étonnamment en chair.
La mariée, Hilda, marche à califourchon sur un gros cheval de caoutchouc gonflé qui a un sourire d'extase, un grand œil ouvert et l'autre fermé.
Elle crie : « Hue, hue, cocotte ! » tandis qu'elle se dandine en marchant, suivie par son jeune mari Wolfgang, ténor wagnérien, et son père, Herr Fahrenkopf, fabricant de tanks de Francfort, qui porte une petite radio à ondes courtes ; elle diffuse les voix nasillardes et gutturales d'une émission allemande faisant le compte rendu de la Bataille d'Angleterre.
Frau Fahrenkopf, éclatante de graisse généreuse et bien portante, porte un panier de nourriture pour pique-niquer sur la plage, et ferme la marche.
Ils commencent à chanter une marche nazie.)

SHANNON

Encore des nazis. Comment se fait-il qu'on en rencontre tant par ici, en ce moment ?

MAXINE

Le Mexique est la porte d'entrée de l'Amérique du Sud et la porte de sortie des États-Unis. Voilà pourquoi.

SHANNON

Cette jeune hitlérienne a d'assez belles cuisses. *(À Maxine qui s'assied sur lui dans le hamac :)* Tu écrases les miennes. Lève-toi. Tu sais bien qu'un homme, c'est fragile. Mets-moi plutôt de la glace sur le front. *(Elle retire de son verre un morceau de glace dont elle lui frotte le front.)* Ah ! mon Dieu...

MAXINE, *riant.*

Eh ! Shannon, tu ne m'avais pas dit qu'il y avait une jeune personne dans le car. Alors, toi, tu t'es envoyé le tendron et c'est pourquoi les onze punaises sont à cran.

SHANNON

C'est la gosse qui m'a un peu forcé la main. Si, je t'assure.

MAXINE

Quel âge ?

SHANNON

Dix-sept ans le mois prochain et terriblement sentimentale. Mais le plus gênant, dans l'histoire, c'est que la gamine est un prodige vocal.

MAXINE

Qu'est-ce que ça a à voir là-dedans ?

SHANNON

C'est très simple. Notre jeune prodige voyage sous l'autorité protectrice — je dirai presque militaire — de la maîtresse de chant qui organise des chœurs dans l'autocar. Tiens, je suis surpris qu'elles ne chantent pas en ce moment. Sans doute est-ce la colère qui les étouffe, sans quoi elles seraient en train de chanter une chanson à remonter le moral, dans le genre *She is a Jolly Good Fellow.* Ah ! J'en apprends des chansons ! *(Maxine rit doucement en montant et en descendant la gamme.)* Et chaque soir, après dîner, après les plaintes au sujet de la nourriture et la vérification des additions par la maîtresse de mathématiques, le jeune canari prodige donne un récital de chant. Elle ouvre la bouche et en avant le répertoire. Et tout ça après une journée de tourments incroyables tels que trois crevaisons et une fuite de radiateur à Tierra Caliente... *(Il se dresse sur le hamac à mesure que ses souvenirs prennent de la force.)*... et une soirée d'escalade des sierras sous des torrents de pluie avec virages en épingle à cheveux et, sous le siège du chauffeur, une bouteille Thermos qui, je le sais, est pleine de tequila glacée alors que les dames du collège baptiste pensent qu'elle contient simplement de l'eau claire. Oui, c'est à la fin d'une telle journée que le cher petit ange, Miss Charlotte Goodall, juste après le dîner, sans vous laisser aucune chance de fuite, se met à chanter *End of a Perfect Day* de Carrie Jacobs Bond et sans la moindre trace d'humour...

MAXINE

Ha !

SHANNON

Oui, ha ! Hier soir, avant-hier soir, les garnitures de frein ont grillé à Chilpancingo. Dans l'hôtel, il y a un piano qui n'a pas été accordé depuis l'exécution de l'empereur Maximilien. L'oiseau chanteur du Texas ouvre la bouche et envoie : *I love you truly* mais directement vers moi, avec des gestes droit vers moi jusqu'au moment où son chaperon, sa maîtresse de chant, ferme le piano avec un claquement sec et la fait sortir de la salle à manger. Mais pendant qu'on l'entraîne au-dehors, le canari trouve le temps de lâcher encore : « Larry, Larry, je vous aime, je vous aime vraiment ! » Cette nuit-là, en gagnant ma chambre, j'y ai trouvé de la compagnie.

MAXINE

Le prodige vocal s'était installé chez toi ?

SHANNON

C'est le spectre qui m'attendait dans cette chambre chaude, sur le lit large comme une planche à repasser et à peu près aussi dur. Oui, le spectre s'était installé et il me souriait.

MAXINE

Le spectre, Shannon ? Tu as dit le spectre ?

SHANNON

Le spectre, Maxine, c'est l'homme que j'étais il y a dix ans et il lui arrive aussi d'être l'homme que je serai demain. Qu'il soit l'un ou l'autre, je n'aime pas les questions qu'il me pose.

MAXINE

Est-ce qu'il est ici en ce moment ?

SHANNON

Il n'est pas loin. C'est même le seul passager qui soit descendu de l'autocar avec moi.

MAXINE

Je connais ce genre de spectre. Ils sont d'un sans-gêne...

(Soupir, puis elle récite :)

« Il y a une petite ombre
Qui va et vient tout près de moi
Et plus l'heure est sombre
Et mieux je la vois
Dans la nuit quand tout est silence
Je cherche le sommeil en vain
L'amour sur mon lit se balance
Et chuchote demain, demain, demain, demain. »

SHANNON

Ah ! oui... demain... *(Le klaxon du car se fait entendre. Shannon se lève et jette un coup d'œil vers le bas.)* Combien de temps onze punaises d'un collège baptiste peuvent-elles tenir dans un car arrêté en plein soleil par quarante à l'ombre ?

MAXINE

Les voilà qui sortent du car en titubant.

SHANNON

Alors, j'estime que j'ai gagné ce premier round. Qu'est-ce qu'elles font, maintenant ? Peux-tu savoir ?

MAXINE

Elles entourent ton copain Hank.

SHANNON

Elles le mettent en pièces ?

MAXINE

Y en a une qui l'a giflé, il s'est réfugié dans le car. La bonne femme commence à monter ici.

SHANNON

Ombre du grand César, c'est ce dragon de maîtresse de chant.

MISS FELLOWES, *d'en bas.*

Shannon ! Shannon !

SHANNON

Maxine, je t'en supplie, aide-moi.

MAXINE

Tu sais bien que je t'aiderai, mon petit, mais pourquoi ne laisses-tu pas tomber les gamines pour t'intéresser aux vraies femmes normales ?

MISS FELLOWES, *sa voix s'approchant.*

Shannon !

SHANNON, *criant vers le bas.*

Montez, Miss Fellowes, tout est arrangé ! *(A Maxine :)* Bon sang de bon sang, la voilà qui monte la colline au pas de charge comme un éléphant mâle en colère. Ah ! Si elle pouvait crever !

MAXINE

Sois sûr que ça n'arrangerait rien.

SHANNON

Miss Fellowes, ne faites jamais ça ! Pas en plein midi, en été, et dans un pays tropical ! Ne montez pas une colline au pas de charge, comme si vous conduisiez un régiment de hussards à l'assaut d'une position quasi imprenable !

MISS FELLOWES, *haletante et furieuse.*

Je ne veux pas de conseils ni d'instructions. *(Apparaissant à l'entrée du sentier.)* Je veux la clé de l'autocar !

SHANNON

Madame Faulk, je vous présente Miss Judith Fellowes.

MISS FELLOWES

Est-ce que cet homme fait un arrangement avec vous ?

MAXINE

Je ne sais pas ce que vous voulez dire.

MISS FELLOWES

Est-ce que cet homme reçoit de vous une ristourne ?

MAXINE

Personne ne reçoit de ristourne de moi. Je refuse plus de monde que je...

MISS FELLOWES, *l'interrompant.*

Ce n'est pas ici qu'est l'*Ambos Mundos*. La brochure indique qu'à Puerto Barrio, nous descendons à l'*Ambos Mundos*, au cœur de la ville.

SHANNON

Oui, sur la place. *(A Maxine :)* Tiens, parle-lui de la place.

MAXINE

Mais quoi dire de la place ?

SHANNON

La chaleur, la puanteur, la poussière, les mouches, les microbes, les chiens crevés...

MISS FELLOWES

Et en quoi est-ce mieux ici ?

SHANNON

La vue de la véranda est au moins aussi belle que la vue du *Victoria Peak* à Hong Kong et que celle de la terrasse sur le toit du palais du sultan à...

MISS FELLOWES, *l'interrompant.*

Je veux la vue d'un lit propre et d'une salle de bains avec des tuyaux qui fonctionnent. Je veux de la nourriture propre et digestible qui ne soit pas contaminée par de sales...

SHANNON

Miss Fellowes !

MISS FELLOWES

Retirez votre main de mon bras.

SHANNON

Regardez cet échantillon de menu. Le cuisinier est un Chinois importé de Shanghai par moi ! Envoyé ici par moi il y a deux ans, en 1938. Il était chef au *Royal Colonial Club*...

MISS FELLOWES

Avez-vous un téléphone ici ?

MAXINE

Bien sûr, dans le bureau.

MISS FELLOWES

Je veux m'en servir. J'appellerai en P.C.V. Où est le bureau ?

MAXINE, *à Pancho.*

Llevala al telefono !

(Miss Fellowes suit Pancho et contourne la véranda.)

SHANNON, *se laisse tomber le long du mur en soupirant.*

Ah ! Pourquoi faut-il qu'elle t'ait vue ?...

MAXINE

Hein ?

SHANNON

Qu'elle t'ait vue sous cette apparence ? Pour toi, c'est drôle mais pour moi, c'est...

MAXINE

Mon apparence ! Qu'est-ce qu'elle a de travers, mon apparence ?

SHANNON

Je t'ai dit de boutonner ta blouse. Es-tu si fière de ta poitrine que tu ne veuilles pas boutonner ta blouse ? Va dans le bureau et écoute si elle appelle les Voyages Blake pour me faire congédier.

MAXINE

Laisse tomber ces pécores.

(Elle s'éloigne en contournant la véranda. Hannah apparaît en bas des marches de la véranda et s'arrête pile en voyant Shannon donner des coups de poing dans le mur avec des sanglots dans la gorge.)

HANNAH

Excusez-moi. *(Shannon la regarde, abasourdi. Hannah Jelkes ressemble à une statue de saint médiéval. Elle pourrait avoir trente ans. Elle pourrait en avoir quarante. À la fois très féminine et un peu androgyne, elle est vêtue d'une robe de coton imprimé et porte un sac en bandoulière.)* Est-ce bien ici l'hôtel de *La Costa Verde* ?

SHANNON, *apaisé par l'apparition.*

Oui, oui, c'est ici.

HANNAH

Êtes-vous... Vous n'êtes pas le directeur de l'hôtel, n'est-ce pas ?

SHANNON

Non, elle revient de suite.

HANNAH

Savez-vous s'il y a deux chambres libres ? Une pour moi et une pour mon grand-père qui attend dans un taxi sur la route en bas. Je n'ai pas voulu lui faire monter la colline avant d'être sûre qu'il y avait des chambres.

SHANNON

Hors saison, ce n'est pas la place qui manque ici.

HANNAH

C'est merveilleux. Je cours le faire descendre du taxi.

SHANNON

Avez-vous besoin d'aide ?

HANNAH

Non, merci, nous nous arrangerons bien.

(Elle lui fait un signe amical et disparaît dans le sentier.
Shannon se laisse tomber dans le hamac et s'étire.
Maxine réapparaît.)

SHANNON

Alors ? A-t-elle fait un appel au téléphone ?

MAXINE

Elle a appelé un juge au Texas — à Blowing Rock. En P.C.V.

SHANNON

Elle essaie de me faire renvoyer. Elle essaie aussi dc mc faire coffrer pour viol. Oui, c'est ça, son idée, une inculpation de viol statutaire.

MAXINE

Qu'est-ce que c'est que le viol statutaire ? Jamais entendu parler de ça.

SHANNON

C'est quand un homme est séduit par une fille de moins de vingt ans. *(Maxine rit.)* Ce n'est pas tout à fait aussi drôle que tu le penses.

MAXINE

Pourquoi veux-tu les jeunes ? Ou plutôt pourquoi penses-tu que tu les veux ?

SHANNON

Je n'en veux aucune, vraiment aucune — quel que soit l'âge.

MAXINE

Alors, pourquoi les prends-tu, Shannon ? *(Il ne répond pas.)* Hein, Shannon ?

SHANNON

Les gens ont besoin de contacts humains, ma belle Maxine.

MAXINE

Tu chausses du combien ?

SHANNON

Je ne vois pas le rapport ?

MAXINE

Tes chaussures sont finies et, en voyage, si je me souviens bien, tu n'en as qu'une paire. Dans l'héritage laissé par Fred, il y en a une paire en très bon état et tu as l'air d'avoir à peu près sa pointure.

SHANNON

Ce vieux Fred, je l'aimais bien, mais je ne veux pas prendre sa place dans ses chaussures, ma belle.

(Elle a ôté les souliers de Shannon.)

MAXINE

Tes chaussettes sont finies. Celles de Fred t'iraient aussi, Shannon. *(Elle ouvre le col de Shannon.)* Ah ! ah ! Je vois que tu as ta croix en or. Mauvais signe. Ça veut dire que tu penses à rentrer dans le giron de l'Église.

SHANNON

C'est mon dernier voyage, Maxine. J'ai écrit à mon ancien évêque une confession complète et une complète rétractation.

MAXINE, *prenant une lettre dans la poche de la chemise de Shannon.*

Si c'est ça ta lettre, mon petit, elle est trempée par la sueur et le vieux birbe ne pourrait pas la lire, même si cette fois tu l'envoyais.

(Elle sort en contournant la véranda tandis que Hank, s'épongeant la figure, surgit du sentier.)

HANK, *très irrité.*

Vas-tu sortir tes fesses de ce hamac ?

SHANNON

Non, je ne les sortirai pas.

HANK

Shannon, tire-toi de ce hamac !

(Il donne des coups de pied à Shannon. Maxine réapparaît, un blaireau à la main.)

SHANNON

Suffit, Hank. Une petite familiarité peut aller loin, mais pas aussi loin que tu te le permets. *(Maxine commence à lui mettre de la mousse sur les joues.)* Qu'est-ce que c'est que ça ? Qu'est-ce que...

MAXINE

N'as-tu jamais été rasé, n'as-tu jamais eu les cheveux coupés par une femme barbier ?

HANK

Shannon, la gosse a une crise de nerfs.

MAXINE

Tiens-toi tranquille, Shannon.

SHANNON

Hank, la crise de nerfs n'est pas une manifestation démoniaque comme tu sembles le croire. Elle est l'arme qu'emploient les femmes pour nous donner des remords ou nous délivrer de nos scrupules. L'épreuve majeure pour un homme est d'en venir à bout et je ne peux pas croire que tu ne le puisses pas. Si je t'en croyais incapable, Hank, je ne pourrais plus...

MAXINE

Tiens-toi tranquille !

SHANNON

Je me tiens tranquille. *(À Hank :)* Non, je ne pourrais plus t'emmener avec moi. Alors retourne en bas...

HANK

Tu veux que je redescende et que je leur dise que t'es en train de te faire raser dans le hamac ?

SHANNON

Dis-leur que le révérend Larry va retourner à l'église et qu'elles pourront ainsi rentrer au collège baptiste du Texas.

HANK

Je veux une autre bière.

MAXINE

Sers-toi, mon coco. La glacière est dans mon bureau, juste en tournant le coin.

SHANNON, *tandis que s'éloigne Hank.*

C'est affreux, Maxine, ce qu'il faut bluffer et rebluffer alors que tout ce qu'on voudrait faire serait de crier au secours ! Tu m'as coupé.

MAXINE

Tu ne t'es pas tenu tranquille.

SHANNON

Rafraîchis-moi juste un peu la barbe.

MAXINE

Je sais. Cette nuit, mon petit, on ira se baigner, orage ou pas.

SHANNON, *à lui-même.*

Ah ! Mon Dieu...

MAXINE

Les gosses sont d'étonnants nageurs nocturnes. Ha ! Je les ai trouvés quand ils plongeaient du haut des soixante mètres de la Quebrada, mais l'hôtel de *La Quebrada* les a fichus à la porte parce qu'ils avaient trop d'attentions pour les clientes. C'est comme ça que je les ai eus.

SHANNON

Et Fred, il n'a rien dit ?

MAXINE

Fred a toujours été un mystère pour moi. Il était si patient et si tolérant avec moi que c'en était insultant. Un homme et une femme doivent se chamailler, non ? Ces plongeurs de la Quebrada, je les ai engagés six mois avant la mort de Fred. S'en est-il soucié ? S'est-il inquiété quand j'ai commencé les bains nocturnes avec eux ? Non, il partait pêcher la nuit et quand je me levais le jour suivant, il se préparait à repartir pour la pêche. Et les poissons qu'il attrapait, il les rejetait à la mer.

(Hank revient et s'assied en buvant sa bière.)

SHANNON

Le vieux Fred était frigide et décent. C'était là tout son mystère. Envoie donc tes deux plongeurs nocturnes empoigner et sortir du car les bagages des punaises avant que la maîtresse de chant revienne du téléphone.

MAXINE, *criant.*

Pedro ! Pancho ! *¡ Muchachos ! Traen las maletas al anejo ! ¡ Pronto !* (Les enfants ! Portez les valises dans l'annexe ! Vite !) *(Les garçons sortent. Maxine s'assied dans le hamac à côté de Shannon.)* Tu te mettras dans la chambre de Fred, à côté de la mienne.

SHANNON

Tu me veux dans ses chaussettes, dans ses chaussures et dans sa chambre, près de la tienne. *(Soupçonneux, il la regarde fixement, puis se laisse retomber dans le hamac avec un rire d'incrédulité.)* Non, ma belle, non. Je m'étais seulement accroché à l'idée de ce hamac, de cette véranda et pour tout dire, de cette oasis qui pouvait m'aider à finir honorablement cette dernière tournée, à me remettre d'aplomb pour revenir à ma... première vocation.

MAXINE

Ha ! Tu as encore des moments de lucidité. Tu admets que ceux qui vont à l'église n'y vont pas pour entendre des sermons athées.

SHANNON

Bon Dieu de bon Dieu, jamais de ma vie je n'ai fait un sermon athée dans une église !...

(Miss Fellowes sort au pas de charge du bureau, contourne la véranda et fonce sur Shannon et Maxine qui saute du hamac.)

MISS FELLOWES

J'ai fini mon appel qui sera payé par le Texas.

(Maxine hausse les épaules, passe près d'elle et quitte la véranda. Miss Fellowes court à travers la véranda.)

SHANNON, *s'asseyant dans le hamac.*

Excusez-moi, Miss Fellowes, de ne pas me lever, mais je... Miss Fellowes, s'il vous plaît, asseyez-vous. Je veux vous faire une confession.

MISS FELLOWES

Elle devrait être intéressante. Quelle confession ?

SHANNON

Je voulais vous dire... Eh bien, comme il arrive à tout le monde à certains moments de l'existence, ma vie a craqué tout d'un coup.

MISS FELLOWES

En quoi est-ce une compensation pour nous ?

SHANNON

Je ne sais pas ce que vous entendez par compensation, Miss Fellowes. *(Il se soulève et, pour l'attendrir, la contemple avec un air d'innocence calculé.)* Je viens de vous confesser que je suis au bout de mon rouleau et vous dites :

« En quoi est-ce une compensation pour nous ? » Miss Fellowes, ne me faites pas éprouver le douloureux sentiment qu'un être humain puisse faire passer une égoïste compensation avant la souffrance d'un homme arrivé au bout de son rouleau et qui doit encore essayer de tenir comme s'il n'avait jamais été plus fort ni plus solide de toute son existence. Non, ne faites pas une chose pareille. Cela ferait...

MISS FELLOWES

Cela ferait quoi ?

SHANNON

Vaciller sinon briser tout ce qui me reste de foi dans l'essentielle bonté... humaine.

MAXINE, *revenant avec une paire de chaussettes.*

Ha !

MISS FELLOWES

Comment pouvez-vous être assis là, je veux dire étendu là, vautré, oui, vautré, et me parler de...

MAXINE

Ha !

MISS FELLOWES

... l'essentielle bonté humaine ? Dites plutôt que la simple décence humaine est au-delà de votre imagination, Shannon. Alors, restez étendu là, restez étendu, vautré, restez-y. Nous nous en allons.

SHANNON, *se levant du hamac.*

Miss Fellowes, c'est moi qui conduis ce groupe et non pas vous.

MISS FELLOWES

Vous venez à l'instant de reconnaître que vous étiez au bout de votre rouleau, incapable de...

MAXINE

Ha !

SHANNON

Maxine, veux-tu...

MISS FELLOWES, *avec une colère froide.*

Nous, les femmes de votre groupe, nous nous sommes éreintées toute l'année au Baptist Female College pour faire ce voyage au Mexique et ce voyage est une escroquerie.

SHANNON, *à lui-même.*

Fantastique !

MISS FELLOWES

Oui, une escroquerie ! Vous n'avez pas respecté le programme, vous n'avez pas respecté l'itinéraire annoncé dans la brochure publiée par les Voyages Blake. Conclusion, ou bien les Voyages Blake nous escroquent ou bien vous escroquez les Voyages Blake. Je déclenche donc tout, tant pis pour ce que ça me coûtera.

SHANNON

Miss Fellowes, mettons les choses au clair. Ce n'est pas une simple histoire d'itinéraire qui me vaut toutes ces insultes. J'aimerais que nous parlions maintenant de la très réelle et très véritable cause de...

MISS FELLOWES

Cause de quoi ?

(Charlotte Goodall, le prodige vocal, apparaît en haut du sentier.)

SHANNON

La cause de votre rage, Miss Fellowes, de votre...

MISS FELLOWES

Charlotte ! Retournez en bas, dans l'autocar !

CHARLOTTE

Judy, ils sont en train...

MISS FELLOWES

Obéissez-moi ! Descendez !

(Charlotte disparaît. Miss Fellowes se précipite sur Shannon qui est sorti du hamac. Il pose une main conciliante sur son bras.)

MISS FELLOWES

Retirez votre main de mon bras.

MAXINE

Ha !

SHANNON

Fantastique. Miss Fellowes, s'il vous plaît, ne criez plus. J'accomplis maintenant un devoir professionnel en vous priant de laisser monter ici les dames de notre groupe afin qu'elles jugent par elles-mêmes des installations et les comparent avec ce qu'elles ont vu en traversant la ville. Miss Fellowes, vous qui êtes professeur de chant, vous qui êtes une artiste, ne me dites pas que vous êtes insensible au charme et à la beauté de l'endroit et que vous lui préférez les tristes et hideuses imitations de motels des autoroutes du Texas.

(Miss Fellowes s'est précipitée vers le chemin pour voir si Charlotte lui a obéi.
Shannon l'a suivie.
Maxine, en disant « Ha ! », lui a donné une petite tape affectueuse lorsqu'il est passé près d'elle. Il a repoussé sa main et continué son appel à Miss Fellowes.)

MISS FELLOWES

J'ai jeté un coup d'œil sur ces chambres-ci. Celles de l'Y.M.C.A. auraient l'air à côté d'un appartement du *Ritz.*

SHANNON

Je suis au service des Voyages Blake et, pour cette raison, je ne suis pas en mesure de vous dire tout à fait franchement quelles fautes ils ont faites dans leur brochure publicitaire. Ils ne connaissent pas le Mexique, tout simplement. Moi je le connais. Je le connais aussi bien que je connais cinq des six continents du...

MISS FELLOWES

Les continents ! Le Mexique ! Mais vous n'avez jamais étudié la géographie !

SHANNON

Mon diplôme de Sewance est celui de docteur en théologie, mais, au cours de ces six dernières années, la géographie a été ma spécialité. Nommez une agence de tourisme pour laquelle je n'ai pas travaillé ! Vous ne pourrez pas ! Je suis maintenant avec les Voyages Blake uniquement parce que je...

MISS FELLOWES

Parce que je ? Parce que toutes les autres agences vous ont congédié pour avoir suborné d'innocentes jeunes filles dont la garde vous était confiée.

SHANNON

Je vous en prie, Miss Fellowes...

(Il touche son bras de nouveau.)

MISS FELLOWES

Retirez votre main de mon bras.

SHANNON

Je sais pourquoi vous êtes en colère. C'est parce que vous êtes malheureuse.

MISS FELLOWES

Ah ! Vous croyez que je suis seule à être malheureuse ? Traînées dans cet autocar suffocant sur des chemins secondaires loin des autoroutes, secouées, cahotées, tout ça pour que vous puissiez toucher votre gratte, est-ce que c'est...

SHANNON

Ce que je sais, c'est que vous êtes le meneur de l'insurrection !

MISS FELLOWES

Toutes les passagères du car ont la dysenterie.

SHANNON

Vous n'allez tout de même pas me le reprocher ?

MISS FELLOWES

Mais si, je vous le reproche.

SHANNON

Avant d'entrer au Mexique, à Nuevo Laredo, je vous ai toutes réunies au dépôt, du côté de la frontière du Texas et je vous ai distribué des feuilles d'instructions polycopiées indiquant ce qu'il fallait manger et ne pas manger, ce qu'il fallait boire et ne pas boire dans les...

MISS FELLOWES

Ce n'est pas ce que nous avons mangé, mais où nous l'avons mangé, qui nous a donné la dysenterie.

SHANNON, *secouant la tête.*

Ce n'est pas la dysenterie.

MISS FELLOWES

C'est la conséquence des repas pris dans des endroits qui seraient condamnés par la Santé Publique de...

SHANNON

Voyons, voyons, une minute...

MISS FELLOWES

Pour avoir ignoré toutes les règles de l'hygiène.

SHANNON

Ce n'est pas la dysenterie, non, il n'est pas question d'amibes. Ce n'est rien que...

MAXINE

La revanche de Montezuma, c'est comme ça qu'on l'appelle ici.

SHANNON

J'ai même distribué des pilules, distribué des flacons de calmants parce que je savais que certaines d'entre vous préféreraient être victimes de la revanche de Montezuma, plutôt que de dépenser cinq centavos pour acheter de l'eau en bouteille.

MISS FELLOWES

Vous avez vendu ces pilules avec un profit de cinquante centavos par flacon.

MAXINE

Ha, ha !

(Elle tranche l'extrémité d'une noix de coco avec la machette et prépare un rhum-coco.)

SHANNON

Miss Fellowes, je comprends la plaisanterie, mais une pareille accusation...

MISS FELLOWES

J'ai demandé le prix dans des pharmacies, parce que je soupçonnais que...

SHANNON

Miss Fellowes, je suis un gentleman. Je ne peux pas être insulté de la sorte, même par un membre du groupe que je conduis. Et je pense, Miss Fellowes, que vous devriez vous souvenir... Vous devriez essayer de vous souvenir que vous parlez à un représentant de l'Église.

MISS FELLOWES

Dé-fro-qué ! Mais essayant quand même de se faire passer pour un représentant de l'Église !

MAXINE

Que diriez-vous d'un rhum-coco ? Ici, nous offrons, avec nos compliments, un rhum-coco à tous nos hôtes.

(N'ayant pas de réponse, elle hausse les épaules et boit elle-même le rhum-coco.)

SHANNON

Miss Fellowes, dans un groupe, il y a toujours un mécontent, un grincheux qui ne veut pas reconnaître ce que je fais pour que le voyage soit plus... plus rare, pour qu'il sorte de l'ordinaire, pour lui apporter une touche personnelle, le cachet de Shannon.

MISS FELLOWES

Le cachet de l'escroc, le cachet du pasteur défroqué !

SHANNON

Miss Fellowes, ne faites pas, ne faites pas... ce que... ce que vous faites ! *(Au bord de la crise de nerfs, il fait entendre des sons incohérents, gesticule avec les poings fermés, puis trébuche à travers la véranda et s'appuie à un pilier pour reprendre sa respiration.)* Vous outragez la dignité humaine ! Vous crachez sur la croix ! *(Criant :)* Vous crachez sur la croix !

UNE VOIX DE FILLE, *venant du bas de la colline.*

Judy ! Ils prennent nos bagages !

MISS FELLOWES, *criant vers le bas.*

Les filles ! Les filles ! Ne laissez pas ces garçons toucher à vos bagages ! Ne les laissez pas monter vos bagages dans ce trou !

UNE VOIX DE FILLE, *venant d'en bas.*

Judy ! Nous ne pouvons pas les arrêter !

MAXINE

Ces gosses ne comprennent que l'espagnol.

MISS FELLOWES, *folle de rage.*

Voulez-vous, s'il vous plaît, dire à vos garçons de ramener ces bagages dans l'autocar ? *(Criant vers le bas :)* Les filles, accrochez-vous à vos bagages ! Ne les laissez pas emporter ! Nous allons retourner à A-ca-pul-co ! Entendez-vous ?

UNE VOIX DE FILLE

Judy, elles veulent se baigner d'abord !

MISS FELLOWES

Je viens tout de suite. *(Elle disparaît. On l'entend crier :)* Vous, garçons, muchacho, remportez ces bagages dans l'autocar !

(Shannon, exténué, se traîne à travers la véranda.)

MAXINE, *hochant la tête.*

Shannon, donne-leur la clé de l'autocar et laisse-les partir.

SHANNON

Et moi alors, je deviens quoi ?

MAXINE

Tu restes ici.

SHANNON

Dans l'ancienne chambre de Fred ? C'est bien ça ? Dans l'ancienne chambre de Fred ?

MAXINE

Tu pourrais faire plus mal.

SHANNON

Je pourrais ? Eh bien alors, je vais faire pire.

MAXINE

Hé là, mon petit.

SHANNON

Si je peux faire pire, je ferai pire.

(Il agrippe la balustrade près des marches de la véranda et regarde fixement au loin, les yeux perdus.
Sa poitrine se soulève comme celle d'un coureur exténué.)

MAXINE

Donne-moi cette clé, je vais la descendre au chauffeur. Toi, pendant ce temps-là, tu prendras un bain, tu te reposeras et tu boiras un rhum-coco.

(Shannon hoche la tête.
On entend des cris d'oiseaux et des voix sur le chemin.)

HANNAH, *encore invisible.*

Non, tu as perdu tes lunettes de soleil.

NONNO, *encore invisible.*

Non, retirées. Pas de soleil.

(Hannah apparaît en haut du chemin, poussant son grand-père Nonno dans une chaise roulante.
C'est un très vieil homme, mais il a une voix puissante pour son âge et semble toujours crier quelque chose d'important.
Nonno est poète et comédien. Il existe une bonne espèce de fierté, il l'a et la porte comme une bannière, où qu'il aille.
Il est vêtu d'une façon immaculée : un costume

de toile, blanche comme son épaisse chevelure de poète, une cravate de ruban noir, et il tient une canne noire avec une crosse en or.)

NONNO

De quel côté est la mer ?

HANNAH

Juste en bas, au-dessous de la colline. *(Il se tourne dans sa chaise et lève la main pour se protéger les yeux.)* On ne peut pas la voir d'ici.

(Elle crie, car il est très dur d'oreille.)

NONNO

Je la devine et je la sens. C'est le berceau de la vie. La vie a commencé dans la mer.

MAXINE

Ces deux-là, ils sont de ton groupe ?

SHANNON

Non.

MAXINE

Ils ont l'air d'une paire de timbrés.

SHANNON

Ferme-la.

(Shannon semble trouver un apaisement à regarder Hannah et Nonno.)

HANNAH, *à Maxine.*

Madame.

MAXINE

Salut.

HANNAH

Avez-vous jamais essayé de pousser un monsieur dans sa chaise roulante en montant une colline ?

MAXINE

Non, et j'voudrais même pas essayer en descendant.

HANNAH

Maintenant que nous y sommes, je ne regrette pas mes efforts. Quelle vue pour un peintre ! *(Elle cherche un mouchoir dans le sac pendu à son épaule.)* En ville, on m'a dit que c'était ici l'endroit idéal pour un peintre et on n'a certes pas exagéré.

SHANNON

Vous avez une égratignure au front.

HANNAH

C'est donc ça que je sentais.

SHANNON

Vous feriez bien d'y passer de l'alcool.

HANNAH

Oui, je m'en occuperai — plus tard — merci.

MAXINE

Qu'est-ce que je peux faire pour vous ?

HANNAH

Je cherche le directeur de l'hôtel.

MAXINE

Moi, qui vous parle.

HANNAH

Oh ! Vous êtes la directrice ? C'est une chance. Je suis Hannah Jelkes. Madame...

MAXINE

Faulk, Maxine Faulk. Qu'est-ce que je peux faire pour vous, m'sieu dame ?

(Le ton est hostile.)

HANNAH

Nonno, la directrice est une dame des États-Unis.

(Nonno soulève une branche d'orchidées sauvages qu'il avait sur lui.)

NONNO, *criant.*

Donne à la dame ces curiosités botaniques que tu as cueillies en montant.

HANNAH

Je crois que ce sont des orchidées sauvages, n'est-ce pas ?

SHANNON

Laelia tibicina.

HANNAH

Oh !

NONNO, *criant.*

Mais dis-lui, Hannah, dis-lui de les garder dans la glacière jusqu'à la nuit tombée. Le jour, elles attirent les abeilles.

MAXINE

Venez-vous ici chercher des chambres ?

HANNAH

Oui, nous en cherchons, mais nous sommes venus sans réservation.

MAXINE

Eh bien, ma belle, *La Costa Verde* est fermée en septembre sauf pour quelques pensionnaires spéciaux. Dans ces conditions...

SHANNON

Maxine, ce sont des pensionnaires spéciaux — spéciaux pour l'amour de Dieu.

MAXINE

Tu m'as dit qu'ils n'étaient pas venus avec ton groupe.

HANNAH

Madame Faulk, s'il vous plaît, laissez-nous être des pensionnaires spéciaux.

MAXINE

Attention !

(Nonno tente de quitter sa chaise roulante. Shannon court l'empêcher de tomber. Voyant que Shannon l'a saisi, Hannah se retourne vers Maxine.)

HANNAH

En vingt-cinq ans de voyage, c'est la première fois que nous arrivons quelque part sans réservation.

MAXINE

Ma belle, ce vieillard-là devrait être dans un hôpital.

HANNAH

Mais non. Il s'est juste un peu foulé la cheville ce matin à Tasio. Il a seulement besoin d'une bonne nuit de repos. Demain il sera sur pied. Son pouvoir de récupération est étonnant pour un homme de quatre-vingt-dix-sept ans.

SHANNON

Doucement, monsieur. Accrochez-vous. Deux marches... Une... deux... maintenant, vous y êtes.

(Shannon conduit Nonno sur la véranda et le fait asseoir, à bout de souffle, dans un fauteuil d'osier à bascule.)

HANNAH

Je voudrais vous dire combien je vous suis reconnaissante de nous prendre ici. Pour nous c'est providentiel.

MAXINE

Bien sûr, je ne peux pas renvoyer à l'instant ce vieillard en bas de la colline, mais comme je vous l'ai dit, *La Costa Verde* est pour ainsi dire fermé en septembre. J'accepte seulement quelques personnes avec un arrangement spécial.

NONNO, *d'une voix forte.*

Hannah ! Dis à la dame que mon fauteuil est temporaire. Je serai bientôt prêt à me traîner, ensuite à trottiner et avant longtemps, je sauterai ici et là comme une vieille chèvre des montagnes. Ha ! ha ! ha !...

HANNAH

J'ai tout expliqué, grand-père.

NONNO

Je n'aime pas être sur des roues.

HANNAH

Oui, mon grand-père dit que le déclin du monde occidental a commencé avec l'invention de la roue.

(Elle essaie de rire, mais Maxine reste froide.)

NONNO

Et dis-le aussi à la dame, je sais que certains hôtels n'acceptent ni les chats ni les chiens et que d'autres ne sollicitent même pas la clientèle de nourrissons âgés de plus de quatre-vingt-quinze ans qui arrivent dans un fauteuil roulant avec des fleurs en guise de hochet. *(Il a un sourire effrayant, un peu dément. Sourire contracté de Hannah qui voudrait pouvoir le faire taire.)* Mais dis-lui aussi que ces concessions au septième âge de l'homme sont seulement temporaires...

HANNAH

J'ai dit à Mme Faulk que c'était seulement une foulure qui avait nécessité la chaise roulante. Elle le sait.

SHANNON, *pour lui-même.*

Fantastique.

NONNO

Et après ma sieste, je la roulerai au bas de la colline, je lui ferai descendre la colline à coups de pied jusqu'à la mer et dis-lui...

HANNAH

Oui ? Mais quoi ? *(Voix et regard désespérés.)* Que veux-tu que je lui dise de plus ?

NONNO

Dis-lui que si elle veut bien excuser ma disgracieuse longévité et cette... décrépitude temporaire... je lui offrirai le dernier exemplaire de mon premier volume de vers publié en... Quand donc, Hannah ?

HANNAH, *désespérée.*

Le jour de l'entrée en fonction du président Ulysse Grant, Nonno.

NONNO

Mon recueil *Trompette du matin*. Où est-il ? Tu l'as ? Donne-le-lui tout de suite.

HANNAH

Plus tard, un peu plus tard ! *(A Maxime et à Shannon :)* Mais grand-père est le poète Jonathan Coffin. Il aura quatre-vingt-dix-huit ans dans un mois.

MAXINE

Ouais, c'est un âge remarquable, mais... Le téléphone, excusez-moi, je reviens tout de suite.

(Elle sort.)

NONNO

Est-ce que j'ai trop parlé ?

HANNAH, *à Shannon.*

J'ai bien peur que oui. Je ne pense pas qu'elle nous prenne maintenant.

SHANNON

Elle vous prendra. Ne vous inquiétez pas.

HANNAH

Personne en ville n'a voulu nous prendre et si nous ne pouvons pas rester ici, je devrai le remettre dans sa chaise et prendre la route, mais pour aller où ?

SHANNON

Vous resterez ici, soyez sans crainte. J'ai un peu d'influence sur la patronne.

HANNAH

Ah ! S'il vous plaît, employez-la pour nous. J'ai vu à son regard qu'elle était contre nous.

(Shannon verse de l'eau dans un verre et le donne au vieillard.)

SHANNON

Un peu d'eau glacée, monsieur.

HANNAH

Vous êtes gentil. Merci. Je ferais bien de lui donner deux tablettes de sel à prendre en même temps. *(Elle retire une boîte de son sac.)* En voulez-vous ? Je vois que vous transpirez. Sous le tropique du Cancer, pendant la saison chaude, il faut prendre garde de ne pas se déshydrater.

SHANNON, *versant un autre verre d'eau.*

Je ne voudrais pas être indiscret, mais... financièrement, n'êtes-vous pas un peu déshydratée aussi ?

HANNAH

Complètement et je crois que la patronne l'a deviné. C'est une supposition logique puisque j'ai moi-même hissé mon grand-père jusqu'ici. La patronne, justement, a l'air d'une femme très logique. Elle a compris que si je ne m'étais pas fait aider par le taxi, c'est que je ne pouvais pas me le permettre.

MAXINE, *appelant de l'arrière.*

Pancho !

HANNAH

Les directeurs d'hôtels sont beaucoup plus compréhensifs avec nous que ne le sont les directrices et celle-ci semble particulièrement rétive. Je vous en prie, faites l'impossible pour la convaincre de nous garder et avec un peu de chance, nos difficultés d'argent seront vite résolues.

(Elle lui prend le poignet.
Maxine revient sur la véranda.)

MAXINE

Pancho ! *(Pancho apparaît.)* Pancho ! Descends en courant à la plage et dis à Herr Fahrenkopf que l'ambassade allemande l'attend au téléphone. *(Pancho reste bouche bée.) Dile a Herr Fahrenkopf que la embajada alemana le llama al telefono. ¡ Corre, corre ! (Pancho s'en va nonchalamment.)* J'ai dit cours ! *¡ Corre ! Corre !*

(Il disparaît en courant et sautillant.)

HANNAH

Comme ces gens sont gracieux !

MAXINE

Ouais, ils sont gracieux comme des chats et à peu près aussi dignes de confiance.

HANNAH

Pouvons-nous... nous inscrire maintenant ?

MAXINE

Vous vous inscrirez plus tard. Vous devez d'abord me verser six dollars — pour le repas du soir.

HANNAH

Six... dollars ?

MAXINE

Eh bien, oui, trois par personne. C'est comme ça qu'on procède ici en dehors de la saison.

HANNAH, *après un coup d'œil à Shannon dont l'attention est détournée par un coup de klaxon.*

Mais les repas...

MAXINE

La pension comprend deux repas seulement.

HANNAH

Oh ! je vois... mais... nous opérons nous-mêmes sur une base particulière.

MAXINE

Sur quelle base ? Et d'abord, qu'est-ce que vous voulez dire par « opérer » ?

HANNAH

Voici notre carte. Vous avez peut-être entendu parler de nous. Les journaux ont souvent parlé de nous. Mon grand-père est le plus vieux poète vivant. Et il récite ses poèmes. Je peins des aquarelles et j'exécute des portraits croquis. Nous réglons donc nos dépenses au fur et à mesure par les récitations de mon grand-père et la vente de mes aquarelles et de mes portraits au fusain ou au pastel.

SHANNON, *à lui-même.*

J'ai la fièvre.

HANNAH

Généralement, dans un hôtel, je passe entre les tables au déjeuner, et au dîner. Je porte une blouse d'artiste, marquée de façon pittoresque par des taches de peinture, un large col à la Byron et une cravate de soie floue. Je ne m'impose pas aux gens. Je montre simplement mon travail et si j'y suis invitée, je m'assieds pour faire de rapides croquis au pastel ou au fusain. Sinon ? Je souris aimablement et je continue.

SHANNON

Et que fait votre grand-père ?

HANNAH

Nous passons ensemble au milieu des tables, doucement. Je le présente comme le plus vieux poète du monde, vivant et en exercice. S'il y est invité, il récite un poème. Malheureusement, tous ses poèmes ont été écrits il y a très longtemps. Mais savez-vous qu'il en écrit un nouveau ? Pour la première fois depuis vingt ans, il a commencé un autre poème.

SHANNON

Il ne l'a pas terminé ?

HANNAH

Il a encore de l'inspiration, mais bien sûr, son pouvoir de concentration s'est affaibli.

SHANNON

Votre grand-père est en train de faire un somme. *(Lui touchant l'épaule.)* Allons, monsieur, il est temps d'aller au lit.

MAXINE

Ne te presse pas. Hé ! Shannon ! Je vais appeler un taxi pour qu'il ramène ces deux personnes en ville.

HANNAH

Je vous en prie, ne l'appelez pas. Nous nous sommes présentés dans tous les hôtels de la ville et aucun n'a voulu de nous. Vous voyez, nous sommes... à votre merci.

(Cependant Shannon a conduit le vieillard dans l'une des cellules, au fond de la véranda. Le jour baisse.)

MAXINE

Ça a l'air que vous allez rester pour une nuit. Juste une, hein ?

HANNAH

Merci.

MAXINE

Le vieillard est au quatre. Vous prendrez le trois. Où sont vos bagages ? Pas de bagages ?

HANNAH

Je les ai cachés derrière les palmiers, en bas du chemin.

SHANNON, *criant à Pancho.*

Monte les bagages ! *Tú, flojo... las maletas... detrás de las palmas ! ¡ Vamos !* (Mollasson... les valises... derrière les palmiers ! Allons !) *(Les garçons mexicains se précipitent sur la descente.)* Maxine, ma belle, voudrais-tu toucher pour moi un chèque antidaté ?

MAXINE, *maligne.*

Ouais, *mañana*, peut-être.

SHANNON

Merci. La générosité est le vrai fond de ta nature.

MAXINE

Ha !

(Elle s'en va en contournant la véranda.)

HANNAH

Je crains que mon grand-père n'ait eu ce matin une légère attaque en traversant les cols des sierras.

SHANNON

Les très vieilles personnes sont sujettes à ces « accidents cérébraux », comme on les appelle. Ce ne sont pas de vraies attaques, mais seulement de petits incidents... cérébraux. Les symptômes disparaissent si rapidement que parfois les vieillards ne se souviennent même pas d'avoir eu un malaise. *(Un silence pendant lequel chacun regarde droit devant soi. Les garçons débouchent du chemin avec fracas et déposent près des marches quelques vieux bagages couverts d'étiquettes.)* Combien de fois avez-vous fait le tour du monde ?

HANNAH

Presque autant de fois que le monde a tourné autour du soleil et j'ai l'impression d'avoir tout fait à pied.

SHANNON, *prenant les bagages.*

Quel est le numéro de votre cellule ?

HANNAH

Le trois.

SHANNON

Elle vous a probablement donné celle avec le toit qui a une fissure. *(Il transporte les bagages dans la cellule.)* Mais vous ne vous en apercevrez que lorsqu'il pleuvra et vous n'aurez plus qu'à sortir à la nage. *(Hannah a un sourire las. Sa fatigue est maintenant très apparente. Shannon ressort avec les bagages.)* Prenez la mienne...

HANNAH

Oh ! non, non, monsieur Shannon. Je trouverai un endroit sec s'il vient à pleuvoir.

MAXINE, *de derrière la véranda.*

Shannon ! *(Pantomime. Shannon veut mettre les bagages dans la cellule cinq. Hannah lui saisit le bras et montre l'arrière de la véranda, lui signifiant qu'il ne faut pas indisposer la propriétaire.)* Shannon !

(Shannon remet les bagages dans la cellule trois.)

HANNAH

Merci beaucoup, monsieur Shannon.

(Elle disparaît dans sa cellule.
Maxine entre et avance vers l'angle de la véranda et Shannon se dirige vers sa propre cellule.)

MAXINE, *contrefaisant Hannah.*

Merci beaucoup, monsieur Shannon.

SHANNON

Ne sois pas garce. Il y a des gens qui disent merci avec sincérité. *(Il passe devant elle et descend les marches de la véranda.)* Maintenant, je descends nager.

MAXINE

À cette heure du jour, l'eau a la température du sang.

SHANNON

Comme j'ai la fièvre, elle me paraîtra encore fraîche.

(Il va vers le sentier.)

MAXINE, *le suivant.*

Attends-moi, je vais...

(Il disparaît derrière le feuillage.
Maxine, en colère, revient à la véranda, agrippe la balustrade.
Elle se mord la lèvre avec un regard furieux.)

NONNO

Quand donc reverrons-nous l'étoile matutine
La corolle brillante où le bourdon butine
Et les jeux du bouvier et de l'hamadryade
Courant dans les sous-bois où tremble la cascade ?
Quand donc entendrons-nous...

(On entend, venant d'une guinguette de la plage, un ensemble de marimbas jouant une chanson populaire de l'été 1940 — Palabres de mujeres — *c'est-à-dire « Paroles de femmes ».)*

RIDEAU

ACTE II

Quelques heures plus tard, juste avant le coucher du soleil. Lumière dorée.

Maxine, tout en parlant, ajuste les tables à jeu pliantes pour le dîner.

MAXINE

Miss Jelkes ?

(Hannah sort de la cellule trois. Elle a maintenant sa blouse d'artiste.)

HANNAH

Oui, madame Faulk ?

MAXINE

J'peux vous parler pendant que je dresse les tables pour le dîner ?

HANNAH

Bien sûr. D'ailleurs, moi aussi, je voulais vous parler.

MAXINE

Bon.

HANNAH

Je voulais simplement vous demander s'il y a ici une baignoire que puisse utiliser mon grand-père. Une douche est très bien pour moi. Je préfère la douche au bain, mais pour lui, sous la douche, il y a toujours le danger d'une chute et à son âge, une fracture...

MAXINE

Ce que je voulais vous dire, c'est que j'ai appelé la *Casa de Huespedes* pour vous et votre grand-père et que je peux vous y faire admettre.

HANNAH

Mais... nous ne voulons pas déménager !

MAXINE

La Costa Verde n'est pas un endroit pour vous. Comprenez, mes clients sont des gens habitués à la dure. Et puis, bien franchement, je m'occupe de gens plus jeunes que votre grand-père.

HANNAH, *dépliant une table.*

Ah ! oui... hum... Eh bien, la... *Casa de Huespedes*, ce serait en somme une sorte de garni, madame Faulk ?

MAXINE

Une pension de famille. On vous nourrit. On vous nourrira même à crédit.

HANNAH

Où se trouve-t-elle ?

MAXINE

Dans le centre de la ville. Vous pourriez donc avoir un médecin très vite si le vieux monsieur tombait malade. Faut penser à ça.

HANNAH

Oui, j'ai... *(Elle hoche la tête avec gravité, pour elle-même.)* J'ai pensé à ça, mais...

MAXINE

Qu'est-ce que vous faites ?

HANNAH

Je me rends utile.

MAXINE

Pas de ça. Je n'accepte aucune aide des clients.

HANNAH

Laissez-moi faire, je vous en prie. Le couteau et la fourchette d'un côté, la cuiller...

MAXINE

Mettez seulement les assiettes sur les serviettes pour qu'elles ne s'envolent pas.

HANNAH

Oui, la brise commence à se lever.

MAXINE

L'ouragan approche des côtes.

HANNAH

En Orient, nous sommes passés au travers de plusieurs typhons. Ce sont de rudes secousses mais qui constituent parfois une dérivation presque bienvenue à d'autres secousses plus intérieures. *(Ceci est dit presque pour elle-même.)* Quand voulez-vous que nous partions, madame Faulk ?

MAXINE

Les garçons vous déménageront demain dans ma camionnette — sans frais pour le service.

HANNAH

C'est très gentil de votre part. *(Maxine s'éloigne.)* Madame Faulk ?

MAXINE, *sans empressement.*

Hein ?

HANNAH

Vous connaissez-vous en jade ?

MAXINE

En jade ?

HANNAH

Oui.

MAXINE

Pourquoi ?

HANNAH

Je vous le demande parce que pour le jade, c'est le travail d'art qui est le plus important. J'ai une petite, mais intéressante collection. *(Elle enlève un ornement de jade piqué sur sa blouse.)* Celui-ci, par exemple, est un miracle de sculpture. Sur cette pièce pourtant minuscule sont sculptés deux personnages, les légendaires prince Ahk et princesse Angh et un héron volant au-dessus de leurs têtes. Pour ce miraculeux travail de finesse, l'artiste a sans doute reçu... disons la valeur d'un sac de riz, et le commerçant qui l'avait commandée l'a vendue au moins trois cent mille livres sterling à une Anglaise qui s'en est lassée et me l'a donnée, peut-être parce que je l'ai peinte non pas comme elle était, mais comme elle avait dû être dans sa jeunesse. Voulez-vous voir la sculpture ?

MAXINE

Ouais, ma petite, mais je ne tiens pas un mont-de-piété. J'essaie de diriger un hôtel.

HANNAH

Je sais, mais ne pourriez-vous le prendre en gage pour quelques jours de pension ici ?

MAXINE

Vous êtes complètement fauchés, hein ?

HANNAH

Oui, nous le sommes complètement.

MAXINE

Vous dites ça comme si vous en étiez fière.

HANNAH

Je n'en suis pas fière. Je n'en suis pas honteuse non plus. C'est un accident normal de la vie.

MAXINE

Vous dites la vérité, à ce que je suppose, mais ce qui est vrai aussi, c'est que mon mari vient de mourir et qu'il m'a laissée dans un tel pétrin que si la vie ne m'était pas plus précieuse que l'argent, j'aurais été mieux avisée de me faire jeter dans l'océan avec lui.

HANNAH

Dans l'océan ?

MAXINE

J'ai fait exactement ses dernières volontés. Fred était le plus grand pêcheur de haute mer de la côte ouest du Mexique. Il avait raflé tous les records pour la pêche du tarpon, du barracuda, du kwig fish. Et sur son lit de mort, il m'a demandé à être jeté à la mer, là, dans la baie, sans même être cousu dans une toile, simplement dans son costume de pêcheur. C'est la revanche des poissons. Ils se nourrissent maintenant sur Fred le pêcheur. Qu'est-ce que vous pensez de ça ?

HANNAH

Je doute qu'il le regrette.

MAXINE

Moi, j'en doute pas et ça me flanque le frisson.

(Elle est distraite par le groupe des Allemands qui remontent le chemin venant de la plage en chantant une marche.
Shannon apparaît en haut du chemin, un peignoir de bain mouillé collé au corps.
Subitement, toute l'attention de Maxine se tourne vers lui. Pendant un moment le « projecteur principal » se concentre sur elle, tendue et furieuse.

Hannah ferme les yeux un instant. Quand elle les ouvre, ils ont un regard de désespoir stoïque en voyant le refuge pour lequel elle a lutté en vain.
Puis Shannon s'approche de la véranda.)

SHANNON

Les voilà qui arrivent vos conquérants du monde, Maxine, en chantant *Horst Wessel.*

(Il rit férocement et se dirige vers les marches de la véranda.)

MAXINE

Shannon, retire ce sable avant de venir sur la véranda.

(On entend les Allemands qui chantent la marche Horst Wessel.
On les voit bientôt apparaître, venant de la plage, en rangs ; ils ont l'air d'une toile animée de Rubens. Ils sont presque nus, bronzés par le soleil.
Les femmes se sont couvertes de guirlandes d'algues vert pâle, brillantes et mouillées, et le jeune marié, de l'Opéra de Munich, souffle dans une grosse conque.
Son beau-père, le fabricant de tanks, a toujours sa radio portative qui transmet une émission à ondes courtes sur la Bataille d'Angleterre, en ce moment à son point culminant.)

HILDA, *gambadant à califourchon sur son cheval de caoutchouc.*

Cocotte, cocotte, cocotte !

HERR FAHRENKOPF, *avec extase.*

Londres brûle, le cœur de Londres est en feu. *(Wolfgang fait la roue jusqu'à la véranda, marche quelques pas sur les mains, fait des culbutes et pousse un grand Hiou !*

Maxine rit de plaisir avec les Allemands.) De la bière, de la bière, de la bière !

FRAU FAHRENKOPF

Ce soir, du champagne !

(Les jeux euphoriques et les cris continuent tandis qu'ils s'en vont en gambadant en tournant le coin de la véranda.
Shannon est monté sur la véranda.
Le rire de Maxine s'arrête un peu tristement, avec envie.)

SHANNON

Tu es en train de faire de cet endroit le Berchtesgaden mexicain, Maxine, ma belle.

MAXINE

Je t'ai dit de retirer ce sable.

(Les cris des Allemands réclamant de la bière la font s'éloigner et tourner le coin de la véranda.)

HANNAH

Monsieur Shannon, connaissez-vous la *Casa de Huespedes*, ou savez-vous quelque chose à son sujet ? *(Shannon la regarde d'un air déconcerté.)* Nous pensons... emménager là demain. Recommandez-vous cet endroit ?

SHANNON

Je le recommande autant que le trou noir de Calcutta et les mines de sel de Sibérie.

HANNAH, *hochant la tête d'un air réfléchi.*

Je m'en doutais, monsieur Shannon. Dans votre groupe de voyage, pensez-vous qu'il y ait quelqu'un qui puisse s'intéresser à mes aquarelles ? Ou à mes croquis individuels ?

SHANNON

J'en doute. Vos aquarelles sont sûrement trop bien pour plaire à mes passagères. Oh, oh ! Ombre du grand César...

(Cette exclamation est causée par l'appel aigu de son nom, qui se rapproche.
Charlotte paraît au fond de la scène, venant de l'annexe de l'hôtel, et se précipite, telle une Médée adolescente, vers la véranda.
Shannon s'esquive dans sa cellule en fermant la porte si vite qu'un coin de la moustiquaire est pris dans la fermeture.
Charlotte fait irruption sur la véranda.)

CHARLOTTE

Larry !

HANNAH

Cherchez-vous quelqu'un, mon p'tit ?

CHARLOTTE

Ouais, l'homme qui conduit notre voyage, Larry Shannon.

HANNAH

Oh, M. Shannon, je crois qu'il est descendu à la plage.

CHARLOTTE

Je viens juste de le voir remonter de la plage.

(Elle est émue et tremblante et lance sans arrêt des regards à droite et à gauche de la véranda.)

HANNAH

Oh ! alors... mais...

CHARLOTTE

Larry ? Larry !

(Ses cris effraient les oiseaux de la forêt et un vacarme s'ensuit.)

HANNAH

Voulez-vous laisser un message pour lui, mon p'tit ?

CHARLOTTE

Non, je resterai ici jusqu'à ce qu'il sorte de sa cachette.

HANNAH

Pourquoi ne vous asseyez-vous pas, ma chère ? Je suis artiste peintre. J'étais en train de trier mes aquarelles et mes croquis, et regardez ce qui m'est tombé sous la main.

(Elle choisit un croquis et le lui montre.)

SHANNON, *de l'intérieur de sa cellule.*

Oh, mon Dieu !

CHARLOTTE, *se précipitant vers la cellule.*

Larry, laissez-moi entrer !

(Elle donne de grands coups dans la porte, tandis que Herr Fahrenkopf arrive du coin de la véranda avec sa radio portative. Il a les yeux exorbités d'excitation à cause de l'émission des nouvelles en allemand.)

HANNAH

Guten abend.

(Herr Fahrenkopf fait un signe de tête et un sourire à pleines dents, levant la main pour indiquer de faire silence.
Hannah fait un signe de tête agréable et s'approche de lui avec son carton à dessin. Il continue à sourire pendant qu'elle lui montre un dessin après l'autre.

Hannah est incertaine, elle ne sait pas si le sourire est pour ses dessins ou pour les nouvelles. Il regarde les dessins fixement, hochant la tête de temps à autre. Cela ressemble plutôt à une pantomime de lanterne magique.)

CHARLOTTE, *se remet à crier soudainement.*

Larry, ouvrez cette porte et laissez-moi entrer ! Je sais que vous êtes à l'intérieur, Larry !

HERR FAHRENKOPF

Silence, s'il vous plaît ! C'est l'enregistrement de l'adresse du Führer au Reichstag il y a... *(Il regarde sa montre.)*... huit heures seulement aujourd'hui, transmis par Deutsches Nachrinchtenbüro à Mexico. Silence, s'il vous plaît, *bitte* !

(Une voix humaine semblable à l'aboiement d'un chien enragé sort pendant un moment de la radio.
Charlotte continue à taper très fort sur la porte de Shannon.
Hannah suggère à Herr Fahrenkopf, par des gestes, d'aller derrière la véranda. Il désespère d'entendre l'émission.
Au moment où il se lève, la lumière frappe ses verres polis si bien que, pendant un instant, il paraît avoir des ampoules électriques dans le front.
Puis il fait un petit salut amical de la tête, s'éloigne de la véranda et exécute quelques exercices cérémonieux d'assouplissement musculaire semblables aux poses préliminaires des lutteurs japonais.)

HANNAH

Puis-je vous montrer mes œuvres sur l'autre véranda ?

(Hannah avait commencé à suivre Herr Fahrenkopf avec son carton, mais les dessins en

tombent ; elle s'arrête pour les ramasser avec l'air triste et préoccupé d'une enfant solitaire cueillant des fleurs.
La tête de Shannon apparaît lentement, furtivement à la fenêtre de sa cellule.
Il se retire vite quand Charlotte se précipite dans cette direction en marchant sur les dessins tombés de Hannah, qui pousse un léger cri de protestation noyé sous les vociférations renouvelées de Charlotte.)

CHARLOTTE

Larry, Larry, Judy me cherche. Laissez-moi entrer, Larry, avant qu'elle ne me trouve ici !

SHANNON

Vous ne pouvez pas entrer. Arrêtez-vous de crier et je sortirai.

CHARLOTTE

Bon, alors sortez.

SHANNON

Éloignez-vous de la porte pour que je puisse sortir. *(Elle se déplace un peu de côté et il sort de sa cellule comme un homme qui monte à l'échafaud. Il s'appuie au mur, s'épongeant la figure avec un mouchoir.)* Comment Miss Fellowes sait-elle ce qui s'est passé cette nuit-là ? Le lui avez-vous dit ?

CHARLOTTE

Je ne lui ai pas dit, elle l'a deviné.

SHANNON

Deviner n'est pas savoir. Si elle n'a fait que deviner, ça veut dire qu'elle ne sait pas — si toutefois vous ne mentez pas, si vous ne lui avez vraiment pas dit.

(Hannah a fini de ramasser ses dessins et s'éloigne en silence vers l'autre extrémité de la véranda.)

CHARLOTTE

Ne me parlez pas comme ça.

SHANNON

Ne compliquez pas ma vie maintenant, s'il vous plaît, pour l'amour de Dieu, ne compliquez pas ma vie maintenant !

CHARLOTTE

Pourquoi avez-vous changé comme ça ?

SHANNON

J'ai la fièvre. Ne faites pas encore monter ma température.

CHARLOTTE

Vous vous conduisez avec moi comme si maintenant vous me détestiez.

SHANNON

Charlotte, vous allez me faire mettre à la porte des Voyages Blake.

CHARLOTTE

C'est Judy. Ce n'est pas moi.

SHANNON

Pourquoi avez-vous chanté à mon intention *I love you truly* ?

CHARLOTTE

Parce que c'est vrai. Je vous aime !

SHANNON

Ne savez-vous pas que dans la situation instable où vous vous trouvez, rien de pire ne peut arriver à une fille que de se compromettre avec un homme se trouvant lui aussi dans une situation instable ?

CHARLOTTE

Non, non, non, je...

SHANNON

Charlotte, ne restez pas là, vous allez encore me flanquer Miss Fellowes dans les jambes et vous savez...

CHARLOTTE

Tout ce que je sais est que vous devez m'épouser, Larry, après ce qui s'est passé entre nous à Mexico !

SHANNON

Un homme qui est dans le pétrin jusqu'au cou ne peut pas épouser une enfant. Ce n'est pas légal et ce n'est pas décent non plus. *(Il retire constamment les mains de Charlotte de ses épaules.)* J'ai presque perdu la raison, ne le voyez-vous pas ?

CHARLOTTE

Je ne peux pas croire que vous ne m'aimiez pas.

SHANNON

Je n'aime personne. Quand je vous ai ramenée, ce soir-là, je vous ai dit bonne nuit dans le hall, je vous ai embrassée sur la joue comme une petite fille que vous êtes, mais au moment où j'ai ouvert ma porte, vous vous êtes précipitée dans ma chambre et je n'ai pas pu vous en déloger, pas même quand j'ai essayé de vous faire peur... Vous vous en souvenez ?

MISS FELLOWES, *de derrière l'hôtel.*

Charlotte ! Charlotte !

CHARLOTTE

Oui, je me souviens qu'après m'avoir aimée, vous m'avez battue, Larry.

SHANNON

Et si vous étiez ma femme, c'est ce que je ferais au moins deux fois par jour.

CHARLOTTE, *l'air extasié.*

Oui ! Vous m'avez frappée au visage et vous m'avez tordu le bras pour me faire agenouiller avec vous et prier Dieu qu'il vous pardonne.

SHANNON

J'étais à cran. Je commençais à perdre la tête.

CHARLOTTE

Laissez-moi vous aider !

MISS FELLOWES, *approchant.*

Charlotte, Charlotte, Charlie !

CHARLOTTE

Aidez-moi et laissez-moi vous aider !

SHANNON

Les faibles ne peuvent pas aider les faibles !

CHARLOTTE

Laissez-moi entrer, voilà Judy qui arrive !

SHANNON

Laissez-moi m'en aller et allez-vous-en !

(Il la repousse violemment, se précipite dans sa cellule en claquant la porte et ferme le verrou, mais un morceau de la moustiquaire sort, pris dans la porte.
Tandis que Miss Fellowes fonce sur la véranda, Charlotte court dans la cellule à côté et Hannah revient, d'où elle était elle a entendu toute la conversation précédente, et rencontre Miss Fellowes au centre de la véranda.)

MISS FELLOWES

Shannon, Shannon ! Où êtes-vous ?

HANNAH

Je crois que M. Shannon est descendu à la plage.

MISS FELLOWES

Est-ce que Charlotte Goodall était avec lui ? Une jeune fille blonde de notre groupe était-elle avec lui ?

HANNAH

Non, personne n'était avec lui ; il était absolument seul.

MISS FELLOWES

J'ai entendu une porte claquer.

HANNAH

C'était la mienne.

MISS FELLOWES, *montrant du doigt la porte d'où sort la moustiquaire.*

Est-ce que c'est la vôtre ?

HANNAH

Oui, c'est la mienne, je suis sortie précipitamment pour voir le coucher du soleil.

(À ce moment, Miss Fellowes entend sangloter Charlotte dans la cellule de Hannah. Elle ouvre la porte avec violence.)

MISS FELLOWES

Charlotte ! Sortez de là, Charlie ! *(Elle a saisi Charlotte par le poignet.)* Que vaut votre parole — rien ? Vous avez promis de ne plus le voir ! *(Charlotte se libère de Miss Fellowes et sanglote amèrement. Miss Fellowes la saisit de nouveau, plus fort, et commence à l'entraîner dehors.)* J'ai parlé à votre père par téléphone au sujet de cet homme et il est en train de faire lancer un mandat d'arrêt contre lui, s'il ose retourner aux États-Unis après tout ça !

CHARLOTTE

J' m'en fiche.

MISS FELLOWES

Pas moi, je suis responsable de vous.

CHARLOTTE

Je ne veux pas retourner au Texas !

MISS FELLOWES

Bien sûr que si que vous y retournerez !

(Miss Fellowes saisit Charlotte fortement par le bras et l'entraîne derrière l'hôtel.
Hannah sort de sa cellule où elle était entrée quand Miss Fellowes en avait tiré Charlotte.)

SHANNON, *de sa cellule.*

Ah, mon Dieu !...

(Hannah va à sa porte et frappe.)

HANNAH

La route est libre maintenant, monsieur Shannon. *(Shannon ne répond ni ne paraît. Elle pose son carton pour prendre le costume en toile blanche de Nonno qu'elle avait repassé et suspendu sur la véranda. Elle va à sa cellule et l'appelle.)* Nonno ? Il est presque l'heure du dîner ! Dans quelques minutes il va y avoir un joli coucher de soleil orageux.

NONNO, *de l'intérieur.*

Je viens !

HANNAH

Noël aussi, Nonno.

NONNO

Et le 4 juillet aussi !

HANNAH

Le 4 juillet est passé. J'espère que tu viendras avant celui de l'année prochaine. *(Elle soulève la moustiquaire devant sa porte.)* Voilà ton costume, je l'ai repassé.

(Elle entre dans la cellule.)

NONNO

Il fait bien sombre ici, Hannah.

HANNAH

Je vais t'allumer la lumière.

(Shannon sort de sa cellule, comme un survivant d'un accident d'avion, portant plusieurs parties de son costume ecclésiastique. Le lourd plastron en soie noire est lâchement attaché à sa poitrine haletante et en sueur. Il suspend, par-dessus le plastron, une lourde croix en or avec une améthyste au centre et essaie d'attacher un col rond amidonné.
Maintenant Hannah sort de la cellule de Nonno, en arrangeant la cravate de soie noire flottante qui va avec son costume d'artiste.
Pendant un instant ils sont tous deux de face, arrangeant leur costume.)

HANNAH, *jetant un regard sur Shannon.*

Avez-vous l'intention de célébrer un service religieux ce soir ici, monsieur Shannon ?

SHANNON, *il veut parler du col rond.*

Cré nom de Dieu, aidez-moi, s'il vous plaît !

HANNAH, *allant derrière lui.*

Si vous ne célébrez pas un service religieux, pourquoi mettez-vous ce costume inconfortable ?

SHANNON

Parçe qu'on m'a accusé d'être défroqué et de mentir à ce sujet, voilà pourquoi ! Je veux montrer aux dames que je suis toujours un pasteur ordonné — froqué — de...

HANNAH

Cette belle croix en or ne suffit-elle pas pour convaincre les dames ?

SHANNON

Non, je l'ai rachetée au clou à Mexico et, bien sûr, elles me soupçonnent de l'avoir achetée dans une boutique.

HANNAH

Restez tranquille une minute. *(Elle est derrière lui et essaie d'attacher son col.)* Et voilà, espérons qu'il tiendra. La boutonnière est tellement usée que j'ai bien peur qu'elle ne fasse tout claquer.

(Ses craintes se réalisent sur-le-champ, le bouton saute.)

SHANNON

Où est-il parti ?

HANNAH

Ici, juste au-dessous... *(Elle le ramasse. Shannon arrache son col, le froisse et le lance hors de la véranda. Puis il tombe dans le hamac, pantelant et se tordant. Hannah ouvre tranquillement son carnet de croquis et commence à le dessiner. Il ne remarque pas tout de suite ce qu'elle fait. Pendant qu'elle dessine :)* Depuis combien de temps êtes-vous inactif dans l'Église, monsieur Shannon ?

SHANNON

Qu'est-ce que que ça a à voir avec le prix de l'artichaut ?

HANNAH, *gentiment.*

Rien. Je retire ma question, avec des excuses.

SHANNON

Pour répondre poliment à votre question, j'ai été inactif dans l'Église depuis que j'ai été ordonné pasteur, sauf pendant un an.

HANNAH, *dessinant rapidement et s'avançant un peu pour mieux voir sa figure.*

Eh bien, ça fait un bon congé sabbatique, monsieur Shannon.

SHANNON

Oui, un bon congé sabbatique. *(On entend la voix de Nonno à l'intérieur de sa cellule qui répète un vers plusieurs fois : « Quand donc entendrons-nous le murmure d'un arbre »...)* Est-ce que votre grand-père parle tout seul dans sa chambre ?

HANNAH

Non, il compose tout haut. Il faut qu'il apprenne ses vers par cœur parce qu'il ne voit pas assez pour les écrire ou les lire.

SHANNON

Il a l'air d'être coincé sur un vers.

HANNAH

Oui, j'ai peur que la mémoire ne lui fasse défaut ; la perte de mémoire est sa plus grande peur.

(Elle dit ça presque froidement comme si ça n'avait pas d'importance.)

SHANNON

Êtes-vous en train de faire mon portrait ?

HANNAH

J'essaie. Vous êtes un sujet difficile. Quand le peintre mexicain Siqueiros fit le portrait du poète américain Hart Crane, il le peignit les yeux fermés.

SHANNON

Pourquoi ?

HANNAH

Ouverts, ils exprimaient tant de souffrance que le pinceau lui tombait des mains.

SHANNON

Pardonnez-moi, mais je n'ai pas envie de fermer les yeux. Permettez que je regarde la lumière du couchant sur les orangers.

HANNAH

Ça va. Je peux vous peindre les yeux ouverts.

SHANNON

Pendant une année, j'ai eu une paroisse et après, on ne m'a pas défroqué, mais on m'a fermé la porte du temple.

HANNAH

Ah !... Pourquoi vous l'a-t-on fermée ?

SHANNON

Histoire de jupon et hérésie : la même semaine.

HANNAH

Quelles étaient les circonstances de la... première offense ?

SHANNON

Elle a eu lieu quelques jours avant l'hérésie. Une très jeune maîtresse de catéchisme a demandé à me voir en privé dans mon bureau. Une jolie petite créature — pas une chance au monde que je m'en tire. Elle était la fille unique de parents célibataires et presque identiques, chacun d'eux portant des vêtements du sexe opposé. Drôle de genre pour des parents, n'est-ce pas ? Ils dupaient parfois quelques personnes, mais pas moi, fichtre non. *(Il va et vient sur la véranda avec une agitation croissante.)* Eh bien, elle s'est déclarée carrément — avec quelle frénésie !

HANNAH

Une déclaration d'amour ?

SHANNON

Ne vous moquez pas !

HANNAH

Je ne me moquais pas.

SHANNON

À l'époque, j'étais le plus grand bon dieu de poseur que vous puissiez imaginer. Je lui dis « Agenouillons-nous et prions ensemble », mais tout d'un coup, la position agenouillée est passée à l'horizontale.

HANNAH

Ne fermez pas les yeux.

SHANNON

Quand nous nous sommes relevés, je l'ai frappée en pleine figure et je l'ai traitée de maudite petite roulure. Alors, elle a filé chez elle et, le jour suivant, j'ai entendu dire qu'elle s'était tailladée avec le rasoir de son père.

HANNAH

Mortellement ?

SHANNON

Elle s'est juste coupé la peau, assez pour saigner un peu et pour faire passablement de scandale.

HANNAH

J'imagine bien que l'affaire a provoqué des commentaires.

SHANNON

À n'en plus finir. *(Il arrête un instant son va-et-vient.)* Le dimanche suivant, quand je suis monté en chaire et que j'ai vu se lever vers moi ces faces suffisantes, accusatrices, je n'ai pas résisté à l'envie de les secouer. J'ai dit, non, j'ai crié : « J'en ai assez de célébrer ce Dieu de colère, de ruse et d'aigreur, que vous chérissez dans vos cœurs hypocrites ! Ce Dieu dont vos théologiens, pour vous complaire, ont fait un délinquant sadique et sénile ne rêvant que tourments, punitions, vengeances, et feignant d'ignorer qu'il est le responsable de nos fautes. » Ah ! Je leur en ai raconté !

HANNAH

En effet. Que leur avez-vous encore dit ?

SHANNON

Je leur ai dit qu'un châtiment n'était défendable que s'il avait une valeur d'exemple, si chacun pouvait le voir et en témoigner, ce qui n'est pas le cas pour les châtiments infernaux, hein ? Je leur ai dit : « Puisque vous êtes pour la punition des coupables, coupez-vous une main quand vous aurez dépouillé un malheureux, crevez-vous un œil quand vous aurez reluqué des nus dans vos magazines de cinéma et dans vos strip-tease. Vous devriez tous être déjà borgnes et manchots ! » Quel orage !...

HANNAH

Vous voulez dire aussi en dehors de l'église ?

SHANNON

Il fallait les voir se couler hors de leurs bancs pour filer vers leurs bagnoles bien astiquées et moi qui gueulais toujours, sacré bon Dieu ! Je les ai même suivis hors du temple en leur criant...

(Il s'arrête, suffocant.)

HANNAH

Vous les avez suivis ?

SHANNON

En leur criant : « Allez, retournez chez vous et fermez vos fenêtres, toutes vos fenêtres et bouclez vos portes pour ne pas laisser entrer la vérité de Dieu ! »

HANNAH

Juste ciel ! Mais c'est certainement ce qu'ils ont fait, les pauvres.

SHANNON

Miss Jelkes, ne parlez pas de pauvres. Pleasant Valley, en Virginie, était une banlieue résidentielle et, matériellement parlant, mes paroissiens n'étaient pas des pauvres.

HANNAH, *souriant un peu.*

Et quel a été le résultat de cette homélie ?

SHANNON

Le résultat ? Eh bien, je n'ai pas été défroqué. On m'a fermé la porte du temple de Pleasant Valley et on m'a collé dans un asile pour me rétablir de ce qu'ils disaient être une profonde dépression nerveuse. Et puis, j'ai commencé mon travail actuel — des voyages dans le monde de Dieu, des voyages conduits par un pasteur de Dieu, avec une croix et un col rond pour le prouver. Un pasteur recueillant des preuves.

HANNAH

Des preuves de quoi, monsieur Shannon ?

SHANNON, *timidement.*

Je ne crois pas que Dieu soit un délinquant sénile.

HANNAH

Est-il bien nécessaire de se demander ce qu'Il est ?

SHANNON

Tenez, il va y avoir un orage, ce soir. Quand il éclatera, vous verrez le Dieu tout-puissant rendant visite au monde qu'Il a créé. Je veux retourner à l'église et prêcher l'Évangile de ce Dieu qui est l'éclair et le tonnerre et les océans et les mondes et les chiens perdus ! C'est lui ! Il arrive ! *(Il montre le ciel.)* Mais voyez-vous, Dieu n'a pas de mémoire. C'est pourquoi je suis ici, sur cette véranda délabrée, dans un pays souillé et détruit par des salauds de conquistadores qui apportaient la croix du Christ ficelée dans la bannière de l'Inquisition.

HANNAH

Monsieur Shannon ?

SHANNON

Oui ?

HANNAH

J'ai le sentiment profond que vous retournerez à l'Église. Mais quand vous monterez en chaire, cherchez parmi vos paroissiens quelque très vieille ou très jeune figure qui lève les yeux vers vous avec un regard avide de croire et de respecter. Alors, je pense que vous ne crierez pas ce que vous avez crié ce sombre matin de dimanche à Pleasant Valley et que, tout au contraire, vous prendrez mille précautions pour ne dire que l'essentiel.

SHANNON

Quoi ?

HANNAH

Je veux dire que vous essaierez de conduire vos paroissiens vers les eaux calmes parce que vous savez combien ils ont besoin des eaux calmes, monsieur Shannon.

SHANNON, *après un silence.*

Faites voir ça.

(Il prend le carnet de croquis et paraît impressionné.)

HANNAH

Où avez-vous dit que la patronne avait rangé les affaires de vos voyageuses ?

SHANNON

Elle a fait monter les bagages dans l'annexe par ses amants mexicains.

HANNAH

Où est l'annexe ?

SHANNON

Juste là, derrière, en bas de la colline, mais toutes mes voyageuses, excepté la Médée adolescente et la plus vieille Médée, sont parties dans un bateau à fond transparent pour observer les merveilles sous-marines.

HANNAH

Eh bien, quand elles rentreront à l'annexe, elles observeront mes aquarelles marquées au coin de merveilleux prix sous-marins.

SHANNON

Vous êtes une débrouillarde, n'est-ce pas ? Une débrouillarde fantastique et imperturbable.

HANNAH

Oui, comme vous, monsieur Shannon. *(Elle reprend doucement son carnet de croquis.)* Oh, monsieur Shannon, si mon grand-père sort de sa cellule avant mon retour, voudriez-vous, s'il vous plaît, le surveiller à ma place ? Ce ne sera pas plus long que trois petits tours de marionnettes.

(Elle empoigne son carton et quitte la véranda avec vivacité.)

SHANNON

Fantastique, absolument fantastique.

(Les garçons mexicains apparaissent portant une créature qui s'agite follement — un iguane captif attaché dans une chemise.
Ils s'accroupissent dans les massifs de cactus qui poussent au-dessous de la véranda et attachent l'iguane à un poteau, au bout d'une corde.
Maxine est attirée par le bruit et apparaît sur la véranda au-dessus d'eux.)

PEDRO

Tenemos fiesta. (Nous allons avoir une fête.)

PANCHO

Comeremos bien. (Nous mangerons bien.)

PEDRO

¡ Daméla, daméla ! Yo la ataré. (Donne-le-moi, donne-le-moi, je l'attacherai.)

PANCHO

Yo la he cojido — yo la ataré. (Je l'ai attrapé, je l'attacherai.)

PEDRO

Lo que vas a hacer es dejarla escapar. (Ce que tu vas faire, c'est que tu vas le laisser échapper.)

MAXINE

¡ Amarrenle fuerte ! ¡ Ole. Ole ! No la dejen escapar. ¡ Déjala moverse ! (Attachez-le serré. Oh là, oh là, ne le laissez pas s'échapper. Donnez-lui assez de corde.) *(A Shannon :)* Ils ont attrapé un iguane.

SHANNON

J'ai remarqué ça, Maxine.

(Elle tient son verre délibérément tout près de lui.
Les Allemands ont entendu l'agitation et se pressent sur la véranda.
Frau Fahrenkopf se précipite vers Maxine.)

FRAU FAHRENKOPF

Qu'est-ce que c'est que ça ? Qu'est-ce qui se passe ? Un serpent ? Ils ont attrapé un serpent ?

MAXINE

Non, un lézard.

FRAU FAHRENKOPF, *avec une répulsion exagérée.*

Ouuuu... un lézard !

(Elle prend une attitude grotesque de terreur,

comme si elle était menacée par Jack l'Éventreur.)

SHANNON, *à Maxine.*

Tu aimes ça, n'est-ce pas, la chair d'iguane ?

FRAU FAHRENKOPF

Manger ? Manger ? Un grand lézard ?

MAXINE

Voui, c'est très bon à manger — ça a le goût du blanc de poulet.

(Frau Fahrenkopf se précipite vers sa famille. Ils parlent avec excitation en allemand au sujet de l'iguane.)

SHANNON

Si tu veux dire du poulet mexicain, ce n'est pas une recommandation. Les poulets mexicains sont des nécrophages et ils ont le goût de ce qu'ils mangent.

MAXINE

Mais, je veux parler des poulets du Texas !

SHANNON, *rêveur.*

Les poulets... du Texas... *(Il fait les cents pas fiévreusement sur la véranda. Maxine partage son attention entre sa silhouette mince et les corps frétillants des deux garçons mexicains couchés à plat ventre à moitié sous la véranda comme si elle comparait mentalement, avec sa nature sensuelle et simple, deux séductions opposées. Shannon se retourne au bout de la véranda et voit qu'elle a les yeux fixés sur lui.)* Quel est le sexe de cet iguane, Maxine ?

MAXINE

Ha ! Qui diable peut se préoccuper du sexe d'un iguane... *(Il passe tout près d'elle.)*... si ce n'est un autre iguane ?

SHANNON

N'as-tu pas entendu le poème sur les iguanes ?

(Il lui prend le verre des mains et semble sur le point de le boire, mais il le sent seulement avec une expression de répugnance.
Elle rit.)

Y avait un jeune gaucho nommé Bruno
Qui disait de l'amour : Je sais bien
Que les femmes sont belles et les moutons divins
Mais bien sûr les iguanes — C'est *Numero Uno !*

(En disant « Numero Uno », *Shannon vide le verre de Maxine par-dessus la balustrade, délibérément sur le postérieur arrondi et frétillant de Pedro, qui se relève d'un bond avec des protestations courroucées.)*

PEDRO

Me cago... hijo de la...

SHANNON

¿ Què ? ¿ Què ?

MAXINE

¡ Vete !

(Shannon rit méchamment.
L'iguane se sauve et les deux garçons se précipitent à sa poursuite en criant. L'un d'eux plonge dessus et le rattrape au bord de la forêt.)

PANCHO

La iguana se escapó. (L'iguane s'est échappé.)

MAXINE

Cojela, cojela ! La cojiste ? Si no la cojes, te mordera el culo. La cojiste ? (Attrape-le, attrape-le : l'as-tu rattrapé ?

Si tu ne le rattrapes pas, il te mordra les fesses. L'as-tu rattrapé ?)

PEDRO

La coji. (Je l'ai attrapé.)

(Les garçons retournent sous la véranda en se tortillant, avec l'iguane.)

MAXINE, *revenant vers Shannon.*

Je pensais que t'allais céder et boire un coup, révérend.

SHANNON

Rien que l'odeur de l'alcool me donne des nausées.

MAXINE

Tu l'sentirais pas si tu l'avais dans l'buffet. *(Elle lui touche son front en sueur. Il repousse sa main comme s'il chassait un insecte.)* Ha !

(Elle va vers la table aux alcools, et il la regarde avec une grimace sadique.)

SHANNON

Maxine, ma belle, celui qui t'a dit que tu étais bien dans un pantalon serré n'était pas un ami sincère.

(Il se détourne. Au même instant on entend un fracas et un cri rauque et effrayant venant de la cellule de Nonno.)

MAXINE

Je le savais ! Je le savais ! Le vieil homme est tombé !

(Shannon se précipite dans la cellule, suivi de Maxine.
Pendant l'incident de l'évasion de l'iguane, la lumière a baissé graduellement. En effet, il y a ici une division des scènes, quoique cela soit fait sans obscurcissement ni rideau.
Tandis que Shannon et Maxine entrent dans la

cellule de Nonno, Herr Fahrenkopf paraît sur la véranda où c'est maintenant le crépuscule. Il allume une énorme lanterne, un globe nacré en forme de pleine lune, suspendu au plafond. Maintenant Shannon guide le vieux poète pour sortir de sa cellule et ils viennent de face sur la véranda. Le vieil homme est impeccablement vêtu de toile blanche comme la neige, et d'une cravate noire. Sa crinière de lion brille comme de l'argent quand il passe sous le globe.)

NONNO

Pas d'os cassé. Je suis fait en caoutchouc !

SHANNON

Un voyageur-né doit tomber cent fois au cours de ses voyages.

NONNO

Hannah ? *(Sa vue et ses autres sens ont baissé à un tel point qu'il croit être conduit par Hannah.)* Je suis pour ainsi dire sûr que je vais le finir ici.

SHANNON, *criant gentiment.*

C'est aussi mon impression, monsieur.

(Maxine les suit hors de la cellule.)

NONNO

Je n'ai jamais été plus sûr de quelque chose de toute ma vie.

SHANNON, *gentiment et avec une grimace.*

Dans la mienne non plus, je n'ai jamais été plus sûr de quelque chose.

(Herr Fahrenkopf a écouté avec une expression d'extase sa radio portative collée à son oreille et baissée au maximum. Maintenant il l'arrête et parle avec excitation.)

HERR FAHRENKOPF

Les incendies de Londres se sont étendus partout, du cœur de Londres à la côte de la Manche ! Goering, Feld-Marschall Goering, appelle ça « la nouvelle phase de la conquête ». Des super-bombes incendiaires ! Tous les soirs !

(Nonno n'attrape que le ton excité de cette annonce ; il l'interprète comme une demande de récitation. Il frappe le sol avec sa canne, rejette la tête et sa crinière argentée en arrière et commence à réciter dans un style grandiloquent et déclamatoire.)

NONNO

Jeunesse doit chanter, rire, s'égosiller
Danser à la chandelle tant que dure la mèche
Jeunesse doit avoir... non, doit être... être...

(Nonno trébuche sur une ligne, il a l'air peureux et confus.
Les Allemands sont amusés. Wolfgang s'approche de Nonno et lui crie à la figure :)

WOLFGANG

Monsieur ? Quel âge avez-vous ? Quel âge ?

(Hannah, qui vient juste de revenir sur la véranda, court vers son grand-père et répond à sa place.)

HANNAH

Quatre-vingt-dix-sept ans.

HERR FAHRENKOPF

Quel âge ?

HANNAH

Quatre-vingt-dix-sept ans — presque un siècle !

(Herr Fahrenkopf répète le renseignement en allemand à sa femme béate et à Hilda.)

NONNO, *coupant la parole aux Allemands.*

Jeunesse doit danser, rire, s'égosiller
Regarder l'avenir et jamais le passé
Ne pas se tourner... se tourner...

(Il hésite de nouveau.)

HANNAH, *lui soufflant et le tenant fermement par le bras.*

Ne pas se retourner dans le chemin ardu.

(Ils récitent ensemble les vers suivants.)

Ne pas plaindre l'éclat d'un jour qui s'est perdu
Mais rire sans raison si ce n'est folle ivresse
Car c'est à sa folie qu'on reconnaît Jeunesse.

(Les Allemands sont bruyamment amusés. Wolfgang applaudit directement dans la figure du poète.
Nonno fait une petite révérence chancelante, en s'appuyant précairement sur sa canne.
Shannon le prend fermement par le bras tandis qu'Hannah se tourne vers les Allemands, ouvre son carton à dessins et s'adresse à Wolfgang.)

HANNAH

Ai-je raison de penser que vous êtes en voyage de noces ?

(Il ne répond pas, alors elle répète la question en allemand, tandis que Frau Fahrenkopf rit et hoche la tête avec véhémence.)

Habe ich recht daß Sie auf Ihrer Hochzeitsreise sind ? Was für eine hübsche junge Braut ! Ich mache Pastell-Skizzen, darf ich, würden Sie mir erlauben ?... Würden Sie... bitte... bitte... (Je ne me trompe pas, vous êtes bien en voyage de noces ? Quelle jolie jeune mariée ! Je ferais de vous un croquis au pastel, si vous m'y autorisiez. S'il vous plaît...)

(Herr Fahrenkopf entonne une marche nazie et conduit son groupe vers le seau à champagne, sur la table à gauche. Shannon a dirigé Nonno vers l'autre table.)

NONNO, *émoustillé.*

Hannah, combien as-tu récolté ?

HANNAH, *embarrassée.*

Grand-père, assieds-toi, s'il te plaît et ne crie plus !

NONNO

Ah ! Ont-ils rempli ta main de pièces ou de billets, Hannah ?

HANNAH, *presque désespérément.*

Nonno ! Ne crie plus. Assieds-toi à table, c'est l'heure de manger !

SHANNON

Mettez-vous à table, je vous prie.

NONNO, *troublé, mais criant toujours.*

Combien ont-ils donné ?

HANNAH

Nonno ! Je t'en prie !

NONNO

Ont-ils, leur as-tu... vendu une... aquarelle ?

HANNAH

Rien vendu, grand-père !

MAXINE

Ha !

(Hannah se tourne vers Shannon. Son calme apparent a disparu ou presque.)

HANNAH

Il ne veut ni s'asseoir ni cesser de crier.

NONNO, *clignant des yeux.*

Ah ? Quelles richesses avons-nous encaissées, Hannah ?

SHANNON

Vous, asseyez-vous, Miss Jelkes. *(Il dit ça avec une autorité à laquelle elle cède. Il prend le bras du vieillard et lui met dans la main un billet mexicain froissé.)* Monsieur ? Monsieur ? *(Il crie.)* Cinq dollars ! Je les mets dans votre poche.

HANNAH

Nous ne pouvons pas accepter... d'aumônes, monsieur Shannon.

SHANNON

Bon Dieu ! Je lui ai donné cinq pesos.

NONNO

Vraiment bien pour un poème !

SHANNON

Non, monsieur, mais la poésie ne trouve jamais qu'en elle-même sa juste récompense.

NONNO

Ah ? Oui... *(Il est épuisé maintenant, mais crie toujours.)* Nous allons vraiment tout rafler !

SHANNON

Bien sûr que vous allez tout rafler !

(Maxine émet son rire-aboiement monocorde. Shannon lui jette un petit pain à la tête. Elle s'en va aimablement vers la table des Allemands.)

NONNO, *chancelant, pantelant, s'accrochant au bras de Shannon, pensant que c'est Hannah.*

Y a-t-il, y a-t-il... beaucoup de monde... dans la salle à manger ?

(Il regarde sans voir.)

SHANNON

Oui, elle est comble ! Et la foule se presse à la porte !

(Sa voix ne pénètre pas jusqu'à l'oreille de Nonno.)

NONNO

S'il y a un salon pour les cocktails, Hannah, nous devrions... travailler là... d'abord. Il faut battre le fer quand il est chaud, ho, ho, quand il est chaud...

(Ceci est comme un délire, et seule une femme énergique comme Hannah peut rester impassible en apparence.)

HANNAH

Il vous prend pour moi, monsieur Shannon. Aidez-le à s'asseoir, et restez une minute avec lui, s'il vous plaît.

(Elle s'éloigne de la table et respire comme si elle venait d'être retirée de la mer à moitié noyée.
Shannon place doucement le vieillard dans un fauteuil. Presque aussitôt, la vitalité fiévreuse de Nonno s'effondre et il se laisse aller à un demi-sommeil.)

SHANNON, *allant vers Hannah.*

Pourquoi respirez-vous comme ça ?

HANNAH

Certaines personnes prennent un verre, d'autres prennent une pilule, moi je me contente de quelques profondes inspirations d'air frais.

SHANNON

Vous faites beaucoup trop de cas de ces menus incidents. Tout ça est si naturel chez un vieillard aussi âgé.

HANNAH

Je sais, mais ces incidents m'inquiètent. Je vous l'ai dit, la traversée des sierras l'a beaucoup éprouvé. Si vous l'aviez vu il y a seulement quelques mois, il paraissait vingt ans de moins. Tant qu'il a été en bonne santé, nous nous en sommes très bien tirés. Nous faisions tous nos frais et même davantage. Quand j'ai vu qu'il commençait à faiblir, j'ai voulu le persuader de rentrer à Nantucket, mais c'est lui qui dirige nos tournées. Il a dit : « Non, le Mexique. » Connaissant le Mexique, je n'étais pas sans inquiétude. Et l'autocar de Mexico est tombé en panne à quinze mille pieds d'altitude. C'est là, je crois, que s'est produit le dernier accident cérébral et probablement le plus grave, puisque à dater de ce jour, son état s'est mis à empirer très rapidement.

SHANNON

Il peut très bien s'en remettre.

HANNAH

Je ne crois pas. Hier, à Taxco, j'ai dû dépenser presque tout ce qui nous restait pour l'achat d'une chaise roulante ; il ne tenait plus debout, ce qui ne l'a pas empêché de vouloir poursuivre le voyage jusqu'à la mer.

(Voyant Nonno affaissé dans son fauteuil, elle va vers lui.)

SHANNON, *aux garçons mexicains.*

Servicio ! Aquí !

(Les garçons servent le plat de poisson.)

HANNAH

Tant de bonté ! Je ne sais comment vous remercier, monsieur Shannon. Je vais le réveiller. *(Elle frappe des mains près de l'oreille de Nonno. Il se réveille avec un rire essoufflé et confus.)* Nonno, une serviette de toile.

(Elle tire une serviette de la poche de sa blouse.)

NONNO

Merveilleux endroit. J'espère qu'ici, c'est à la carte. Hannah, je veux un dîner très léger pour ne pas avoir sommeil et travailler après le dîner. Je vais le finir ici.

HANNAH

Nonno, nous venons de nous faire un ami. C'est le révérend Larry Shannon.

NONNO

Révérend ?

HANNAH, *criant.*

Monsieur Shannon est un pasteur épiscopal, Nonno.

NONNO

Un homme de Dieu ?

HANNAH

Un homme de Dieu, en vacances.

NONNO

Hannah, dis-le-lui, je suis trop vieux pour être baptisé et trop jeune pour être enterré, mais sur la foire aux époux, je reste sur la brèche pour quelque riche veuve, belle et replète, dans la quarantaine. *(Nonno est enchanté de sa plaisanterie.)* D'ailleurs, peu de femmes dépassent la quarantaine

— à les en croire. Ho, ho ! Hannah, demande-lui... de... de dire les grâces. La nourriture mexicaine a besoin de bénédiction.

SHANNON

Vous, monsieur, dites-les. Je suis à vous tout de suite.

(Il rattache le lacet de son soulier.)

NONNO

À une condition.

SHANNON

Quelle condition, monsieur ?

NONNO

Que vous tiendrez compagnie à ma fille après le dîner, quand je me serai retiré. Je me couche avec les poules, mais je me lève avec les coqs, ah, ah ! Ainsi vous êtes un homme de Dieu. Un bénédictin ou un célibataire ?

SHANNON

Célibataire, monsieur. Aucune femme saine et raisonnable ne m'épouserait, monsieur Coffin.

NONNO

Qu'a-t-il dit, Hannah ?

HANNAH, *embarrassée.*

Nonno, dis les grâces.

NONNO, *qui n'a pas entendu.*

Je l'appelle ma fille, mais c'est la fille de ma fille. Depuis qu'elle a perdu père et mère dans le premier accident d'automobile de l'île de Nantucket, nous nous occupons l'un de l'autre.

HANNAH

Dis les grâces !

NONNO

Ce n'est pas le genre évaporé, ah ! non. Elle a été élevée pour faire une femme et une mère merveilleuse. Mais je suis un vieil égoïste et je l'ai gardée pour moi seul.

HANNAH, *criant à l'oreille de Nonno.*

Dis les grâces !

NONNO, *se levant avec effort.*

Oui, les grâces : Seigneur, bénis la nourriture que nous allons prendre et nous-mêmes ; bénis-nous. A ton service. Amen.

(Il retombe dans son fauteuil en chancelant.)

SHANNON

Amen. *(L'esprit de Nonno commence à s'égarer. Sa tête tombe sur sa poitrine. Il marmonne pour lui-même.)* La poésie du vieil homme est-elle bonne ?

HANNAH

Mon grand-père était un poète de second ordre, assez connu avant la Première Guerre mondiale, et aussi quelque temps après.

SHANNON

Dans la petite division, hein ?

HANNAH

Oui, un poète de la petite division, avec l'esprit de la grande. Je suis fière d'être sa petite-fille...

(Elle tire un paquet de cigarettes de sa poche et le remet immédiatement sans prendre de cigarette.)

NONNO, *très troublé.*

Hannah, il fait trop chaud pour... des céréales chaudes... ce matin.

(Il secoue la tête plusieurs fois avec un petit rire triste.)

HANNAH

Il n'y est pas, vous voyez ; il pense que c'est le matin.

(Elle dit ça comme si elle admettait quelque chose d'embarrassant, avec un rapide sourire effrayé à Shannon.)

SHANNON

Fantastique — fantastique.

HANNAH

Ce mot « fantastique » paraît être votre mot préféré, monsieur Shannon.

SHANNON, *regardant loin de la véranda avec un air triste.*

Ouais, vous savez, nous vivons sur deux plans, Miss Jelkes, le plan de la réalité et le plan du fantastique.

HANNAH

Celui de la réalité, je le connais bien.

SHANNON, *ceci est dit comme si c'était une réflexion personnelle.*

Je pensais me débarrasser du spectre ici, mais les conditions ont changé. Je ne savais pas que la patronne était devenue veuve, une sorte de sémillante araignée veuve.

(Il rit doucement, presque comme Nonno. Maxine a poussé une petite table à roulettes, gaie, en cuivre et verre, en contournant le coin de la véranda. Il s'y trouve un seau à glace, des noix de coco et une variété de liqueurs. Elle fredonne gaiement pour elle-même tout en poussant le petit bar près de la table.)

MAXINE

Un cocktail, quelqu'un ?

HANNAH

Non, merci, madame Faulk. Je ne pense pas que personne de nous en veuille.

SHANNON

Voyons, Maxine, on ne boit pas de cocktail entre le poisson et l'entrée.

MAXINE

Pépère a besoin d'un grog pour se réveiller. Les vieilles personnes ont besoin d'un grog pour se remonter. *(Elle crie dans l'oreille du vieillard :)* Pépère ! Que diriez-vous d'un grog ?

(Ses hanches se projettent vers Shannon.)

SHANNON

Maxine, ton derrière — excusez-moi, Miss Jelkes —, tes hanches, Maxine, sont trop généreuses pour cette véranda.

MAXINE

Ha ! Les Mexicains ont l'air de bien les aimer, si j'en juge par leurs coups dans les côtes et leurs pincements dans les autobus. Et les Allemands aussi. Chaque fois que je m'approche de Herr Fahrenkopf, il me pince ou il me p'lote.

SHANNON

Alors, va vers lui encore pour qu'il te p'lote.

MAXINE

Ha ! Je prépare un manhattan pour Pépère, avec deux cerises dedans pour qu'il survive jusqu'après le dîner.

SHANNON

Retourne à tes nazis, je préparerai le manhattan pour lui.

(Il và jusqu'à la table aux liqueurs.)

MAXINE, *à Hannah.*

Et vous, la belle, un peu de soda avec un jus de citron ?

HANNAH

Rien pour moi, merci.

SHANNON

Maxine, ne rends pas plus nerveux les gens qui n'ont déjà que trop de raisons de l'être.

MAXINE

Tu f'rais mieux de m'laisser faire le grog pour Pépère ; t'en fais du gâchis, Shannon.

(Avec un reniflement de furie, il pousse violemment la table roulante aux liqueurs contre son ventre. Quelques bouteilles en tombent.
Elle la repousse violemment vers lui.)

HANNAH

Madame Faulk, monsieur Shannon, c'est de l'enfantillage, arrêtez, je vous en prie !

(Les Allemands sont attirés par le bruit. Ils se rassemblent autour de la scène de dispute et rient, enchantés.
Shannon et Maxine saisissent chacun un bout de la table et se la renvoient tous deux, grimaçant de façon féroce, comme des gladiateurs en combat mortel.
Les Allemands poussent des cris de joie et jacassent en allemand.)

HANNAH

Monsieur Shannon, arrêtez ça ! *(Elle en appelle aux Allemands.)*

Bitte ! Nehmen Sie die Spirituosen weg. Bitte, nehmen Sie sie weg. (S'il vous plaît, enlevez les boissons alcoolisées. S'il vous plaît, enlevez-les.)

(Shannon a arraché la table roulante des mains de Maxine et la pousse vers les Allemands. Ils

crient de joie. La table va s'écraser contre le mur de la véranda.
Shannon saute en bas des marches et pénètre en courant dans le feuillage. Des oiseaux poussent des cris dans la forêt. Puis un calme soudain revient sur la véranda, tandis que les Allemands regagnent leur table.)

MAXINE

Espèce de cinglé d'protestant irlandais, fichu fils de... protestant !

HANNAH

Madame Faulk, il se bat pour ne pas boire.

MAXINE

Ne vous en mêlez pas. Vous êtes une femme qui se mêle de tout.

HANNAH

Monsieur Shannon n'est pas dans son assiette, c'est évident.

MAXINE

Je sais comment le prendre, ma belle — vous avez fait sa connaissance aujourd'hui seulement. Et voilà le manhattan pour Pépère, avec deux cerises dedans.

HANNAH

Ne l'appelez pas Pépère, s'il vous plaît.

SHANNON

Pourquoi je l'appellerais pas Pépère ? Y a rien de mal.

HANNAH, *prenant le verre.*

Vous le dites d'une manière condescendante, injurieuse. Mon grand-père est un gentilhomme, au vrai sens du mot : c'est un homme gentil.

MAXINE

Et qu'est-ce que vous êtes ?

HANNAH

Je suis sa petite-fille.

MAXINE

C'est tout ce que vous êtes ?

HANNAH

Je pense que ça suffit.

MAXINE

Ouais, mais vous êtes aussi une profiteuse ; vous vous servez d'un vieillard mourant pour pénétrer dans des endroits où vous n'avez même pas assez d'argent pour payer un jour d'avance. Oui, vous le traînez avec vous comme les mendiants mexicains leur bébé malade pour apitoyer les touristes.

HANNAH

Je vous ai prévenue que je n'avais pas d'argent.

MAXINE

Oui, et je vous ai dit que j'étais veuve, depuis peu, et que je me trouvais dans le pétrin.

(Shannon réapparaît sortant du feuillage de la forêt, mais reste inaperçu d'Hannah et de Maxine.)

HANNAH, *avec un calme forcé.*

Demain matin à l'aube, j'irai en ville. Je dresserai mon chevalet sur la place et je proposerai mes aquarelles et mes croquis aux touristes. Je ne suis pas une faible. L'échec que j'ai essuyé ici ne me ressemble pas.

MAXINE

Moi non plus, je ne suis pas une faible, figurez-vous.

HANNAH

Non, pas du tout. Votre force est même impressionnante.

MAXINE

Sacré nom, vous avez raison, mais comment croyez-vous que vous allez arriver à Acapulco sans l'argent d'un taxi ou même de l'autobus ?

HANNAH

J'irai par le train de 11 heures... Madame Faulk — les natifs de l'île de Nantucket sont de bons marcheurs. Et si vous doutez de ma parole, si vous croyez vraiment que je suis venue ici en profiteuse, alors je remettrai mon grand-père dans sa chaise roulante, je le pousserai jusqu'à la route en bas de la colline et sur tout le chemin jusqu'à la ville.

MAXINE

Quinze kilomètres, avec un orage qui approche ?

HANNAH

Oui, je le ferai, je le ferai.

(Elle domine Maxine dans cet échange. Toutes deux sont debout à côté de la table.
La tête de Nonno retombe dans le sommeil.)

MAXINE

Je ne vous laisserai pas faire ça.

HANNAH

Pourtant vous avez dit assez clairement que vous ne vouliez pas que nous restions ici, même pour une nuit.

MAXINE

La tempête soufflerait ce vieillard-là hors de sa chaise roulante comme une feuille morte.

HANNAH

Il préférerait ça, plutôt que de rester là où il n'est pas bienvenu, et je le préférerais pour lui et pour moi-même aussi, madame Faulk. *(Elle se tourne vers les garçons mexicains.)* Où est sa chaise roulante ? Où est la chaise roulante de mon grand-père ?

(Cet échange a réveillé le vieil homme. Il se lève difficilement de son fauteuil, embrouillé, tape le sol avec sa canne et commence à déclamer une poésie.)

NONNO

L'amour est une chanson brève
Jouée par un violoneux ivre
La chanson d'un homme qui rêve
Endormi sur un très vieux livre
De tendresse encor languissant
Il s'éveille sur son grimoire...

HANNAH

Nonno, pas maintenant, Nonno ! Il croyait que quelqu'un lui avait demandé de réciter un poème.

(Elle le remet dans son fauteuil. Hannah et Maxine n'ont toujours pas aperçu Shannon.)

MAXINE

Calmez-vous, ma belle.

HANNAH

Je suis parfaitement calme, madame Faulk.

MAXINE

Moi, pas, voilà l'ennui.

HANNAH

Je le comprends, madame Faulk. Vous avez perdu votre mari tout récemment. Je pense qu'il vous manque plus que vous ne croyez.

MAXINE

Non, l'ennui, c'est Shannon.

HANNAH

Vous voulez dire, son état nerveux et son... ?

MAXINE

Non, je veux dire simplement Shannon. Je veux que vous le laissiez tranquille, ma belle. Vous n'êtes pas pour Shannon et Shannon n'est pas pour vous.

HANNAH

Madame Faulk, je suis une vieille fille de Nouvelle-Angleterre et j'ai presque quarante ans.

MAXINE

J'ai senti des vibrations entre vous — je suis très forte pour sentir les vibrations entre les gens — et là c'est sûr qu'il y a eu vibration entre vous et Shannon dès l'instant de votre arrivée. Ne cherchez pas ailleurs la cause de ce malentendu entre nous. Si, tout simplement, vous savez vous retenir de batifoler avec Shannon, alors vous et votre Pépère, vous pouvez rester ici aussi longtemps que vous voudrez, ma belle.

HANNAH

Oh ! Madame Faulk, ai-je l'air d'une vamp ?

MAXINE

Il y en a de toutes sortes. Oui, j'en ai eu ici de toutes les sortes.

(Shannon vient à la table.)

SHANNON

Maxine, je t'ai dit de ne pas jouer avec les nerfs des gens, mais tu n'as pas voulu m'écouter.

MAXINE

Toi, t'as besoin d'un verre de rhum-coco.

SHANNON

Laisse-moi en décider.

HANNAH

Ne voulez-vous pas vous asseoir avec nous, monsieur Shannon, et manger quelque chose ? Vous vous sentirez mieux.

SHANNON

Je n'ai pas faim en ce moment.

HANNAH

Eh bien, asseyez-vous tout simplement avec nous, voulez-vous ?

(Shannon s'assied avec Hannah.)

MAXINE, *avertissant Hannah.*

O.K., O.K...

NONNO, *se réveillant un peu et marmonnant.*

Merveilleux... merveilleux endroit ici.

(Maxine roule la table aux liqueurs près des Allemands.)

SHANNON

Auriez-vous fait ce que vous disiez ?

HANNAH

N'avez-vous jamais joué au poker, monsieur Shannon ?

SHANNON

Vous voulez dire que vous bluffiez ?

HANNAH

Disons que je suivais honnêtement ma ligne. *(Le vent s'élève et balaie la colline comme un grand soupir d'éveil venant de l'océan.)* Il va y avoir un orage. J'espère que vos dames ne sont plus dehors dans ce... ce bateau à fond transparent à observer les merveilles sous-marines.

SHANNON

Elles sont en train de danser entre elles à la guinguette, au son de la boîte à musique, et de tramer de nouveaux complots pour me faire mettre à la porte des Voyages Blake.

HANNAH

Que feriez-vous si vous étiez... ?

SHANNON

Saqué ? Je retournerais à l'Église, ou bien j'irais en Chine à la nage. *(Hannah sort un paquet de cigarettes tout froissé de sa poche. Elle s'aperçoit qu'il n'en reste que deux et décide de les garder pour plus tard. Elle remet le paquet dans sa poche.)* Puis-je avoir une de vos cigarettes, Miss Jelkes ? *(Elle lui offre le paquet. Il le prend, le froisse et le jette en dehors de la véranda.)* Ne fumez jamais celles-là, elles sont faites avec les mégots ramassés par les mendiants dans les rues et les ruisseaux de Mexico. *(Il sort des cigarettes anglaises d'une boîte de fer.)* Prenez ces Benson. Elles sont importées dans des boîtes imperméables. C'est mon seul luxe.

HANNAH

Eh bien, merci. Je les prends puisque vous avez jeté les miennes.

(Shannon a pris une cigarette. Hannah la lui allume.)

SHANNON

Comment avez-vous appris à allumer une cigarette dans le vent ?

HANNAH

Oh ! J'ai appris beaucoup de petites choses utiles de ce genre. Je souhaiterais en avoir appris quelques grandes.

SHANNON

Par exemple ?

HANNAH

Comment vous aider, monsieur Shannon !

SHANNON

Je sais maintenant pourquoi je suis venu ici.

HANNAH

Pour rencontrer quelqu'un qui sait allumer une cigarette dans le vent ?

SHANNON, *les yeux baissés vers la table, la voix étranglée.*

Pour rencontrer quelqu'un qui veuille m'aider, Miss Jelkes.

(Il se tourne sur sa chaise avec embarras, les larmes aux yeux. Elle le regarde avec amitié.)

HANNAH

Y a-t-il longtemps que quelqu'un a voulu vous aider ou est-ce simplement... ?

SHANNON

Dites.

HANNAH

Je pensais... Vous étiez trop absorbé par tout ce qui vous déchirait pour avoir remarqué les personnes désireuses de vous venir en aide. Je sais, les êtres sont souvent de vrais démons toujours prêts à se torturer mutuellement. Heureusement, il en est d'autres qui n'ont pas de meilleur plaisir que de consoler, de se dévouer, et lorsqu'un hasard les met en présence, ils se reconnaissent au premier coup d'œil. Et maintenant, s'il vous plaît, voulez-vous m'aider, moi ? Prenez soin de mon grand-père pendant que j'enlève mes aquarelles de l'annexe. L'orage est vraiment proche.

(Shannon acquiesce d'un mouvement de la tête et se lève.)

SHANNON

Monsieur Coffin : levez-vous avant que l'orage ne balaie la véranda.

NONNO

Quoi ? Quoi ?

(Shannon fait sortir le vieillard de son fauteuil et le pilote jusqu'à sa cellule.
Lorsque tous deux y sont entrés, Hannah, qui les avait suivis du regard, se précipite vers l'annexe.
En hâte, les garçons mexicains débarrassent la table, la plient et la posent contre le mur.)

MAXINE

¡ Pronto ! ¡ Pronto ! Muchachos ! ¡ Pronto ! ¡ Pronto ! ¡ A llevaros todas las cosas ! (Vite, vite, les garçons, vite, vite ! Enlevez tout !)

PEDRO

¡ Nos estamos dando prisa ! (Nous nous dépêchons !)

(Le tonnerre retentit tout à coup.)

MAXINE

¡ Pronto ! ¡ Pronto ! (Au groupe allemand :) Cette fois, c'est l'orage qui se déchaîne.

(Elle sort.)

HERR FAHRENKOPF

So ist unser Führer auf Frankreich gefallen ! (C'est ainsi que notre Führer est tombé sur la France.)

FRAU FAHRENKOPF

Auf Frankreich und England ! (Sur la France et sur l'Angleterre.)

HERR FAHRENKOPF

Ja. Und England ! (Oui. Et sur l'Angleterre !)

(Les quatre Allemands entonnent Lili Marlen *et font le tour de la véranda au pas de l'oie. Shannon qui sort de la cellule de Nonno les regarde avec effarement. Les Allemands sortent, toujours chantant.*
C'est alors qu'apparaît Charlotte au coin du buisson, sans autre vêtement qu'un maillot de bain.
Elle bondit sur la terrasse et saute au cou de Shannon.)

SHANNON, *la repoussant.*

Ah ! Non ! Ça suffit, hein ? Foutez-moi la paix ! Une fois pour toutes !

CHARLOTTE

Larry, j'ai réfléchi. Puisque vous ne pouvez pas m'épouser, prenez-moi comme à Mexico, mais prenez-moi vite. Judy est sur mes talons. Prenez-moi tout de suite, Larry.

SHANNON

Allez vous rhabiller, espèce de cinglée ! Et d'abord, apprenez pour votre gouverne que ce maillot de bain, qui ne laisse plus rien à deviner, est un mauvais calcul.

CHARLOTTE, *tombant à genoux, elle entoure de ses bras les jambes de Shannon.*

Larry, je vous aime, je vous désire ! Oh ! Larry, je veux que vous me croyiez, je suis votre chose.

SHANNON, *touché.*

Ma petite fille, ne dites plus rien. En parlant, vous ne faites qu'aggraver votre état. Relevez-vous !

CHARLOTTE

Larry, c'est affreux de n'avoir que seize ans et d'être une femme. Une femme, Larry, une femme ! Si vous saviez...

(Au coin du buisson surgit Miss Fellowes, pieds nus et simplement vêtue d'une jupe passée sur son maillot de bain.)

MISS FELLOWES

Charlotte !

SHANNON

Bonsoir, Miss Fellowes. Vous avez un charmant décolleté.

MISS FELLOWES

Charlotte, n'êtes-vous pas honteuse, vous, une élève du cours supérieur du collège baptiste, de vous traîner aux pieds de cet homme abominable ? Et dans cette tenue ?

CHARLOTTE

Non, je n'en ai pas honte. Je le ferais devant tout le collège de Blowing Rock !

MISS FELLOWES

Comprenez donc que cet individu va être arrêté et jeté en prison ! *(Elle lui saisit le bras.)* Allons, venez !

CHARLOTTE, *furieuse, elle se relève et repousse Miss Fellowes.*

Vous, laissez-moi tranquille ! Je sais pourquoi je ne peux pas faire un pas sans vous trouver dans mes jambes. C'est parce que vous êtes jalouse.

SHANNON

Vlan !

CHARLOTTE

Oui, jalouse ! Et vous me torturez ! Ma vertu, vous vous en fichez pas mal, mais vous ne supportez pas qu'un autre...

MISS FELLOWES

Taisez-vous, stupide créature !

CHARLOTTE

Larry avait raison de dire que vous étiez une sacrée punaise !

MISS FELLOWES

Oh !

SHANNON

Ce n'était qu'une innocente plaisanterie, Miss Fellowes.

MISS FELLOWES

Charlotte, je vous ordonne de redescendre à l'autocar.

(Elle essaie de la tirer.)

CHARLOTTE

Non, je ne redescendrai pas ! *(Elle se couche à plat ventre sur la véranda.)* Judy, je vous déteste !

(Entrent Maxine et Hannah, chacune par un côté de la véranda. Hannah tient un carton à dessin.)

MAXINE

Ha !

SHANNON

Charlotte, je vous demande de vous lever...

MISS FELLOWES

Vous, je vous interdis de lui adresser la parole !

CHARLOTTE

Larry, embrassez-moi devant elle pour la faire crever de jalousie !

MAXINE

Ha !

MISS FELLOWES, *bourrant Charlotte de coups de pied dans les flancs.*

Votre conduite est indigne ! Indigne ! Vous êtes la honte de notre collège ! Mais que vous le vouliez ou non, je vous remettrai dans le bon chemin ! Sale bête ! Sale bête ! La honte du collège !

CHARLOTTE

Je m'en fiche !

HANNAH

Je vous en prie, ne la frappez pas. Laissez-moi lui parler. *(Miss Fellowes recule d'un pas. Hannah s'agenouille auprès de Charlotte.)* Écoutez-moi, mon petit. J'ai à vous dire quelque chose de très grave. Dans l'une de ces chambres, il y a un malade, un vieillard très âgé, il a quatre-vingt-dix-sept ans. C'est mon grand-père. Il a besoin de calme et de repos. Pour lui, je vous demande de vous lever et de ne pas vous attarder davantage sur cette véranda. Merci, mon petit.

CHARLOTTE, *elle se lève et, sans regarder Shannon, lui dit d'une voix neutre :*

Adieu, Larry. *(A Miss Fellowes :)* Vous, tâchez de vous tenir à distance. C'est fini de me peloter.

MAXINE

Ha !

(Éclair et tonnerre. On entend le bruit d'une pluie diluvienne sur le toit et sur le feuillage. Charlotte se dirige lentement vers le chemin, suivie à quelques pas de Miss Fellowes, intimidée.)

MISS FELLOWES, *timidement.*

Charlie...

(Charlotte ne répond pas, ne se retourne pas.

Maxine se penche à la balustrade pour suivre la sortie des deux femmes.)

SHANNON

Merci, Hannah.

(Éclair et tonnerre.)

RIDEAU

ACTE III

La véranda, entre neuf et dix heures du soir.

Assis à une table, le torse nu, Shannon écrit une lettre.

Dans sa cellule, Hannah, les cheveux défaits tombant sur les épaules, est assise sur une chaise, un livre à la main.

Dans la sienne, Nonno, assis sur le lit étroit, remue les lèvres.

Entre Maxine.

MAXINE

Tu travailles à ton sermon pour dimanche prochain, révérend ?

SHANNON, *avec un peu d'impatience.*

J'écris une lettre très importante, Maxine.

MAXINE

À qui, Shannon ?

SHANNON

Au doyen de l'École de théologie de Sewance.

MAXINE

Sewance ?

SHANNON

Oui, et tu me rendrais un grand service si tu pouvais envoyer Pedro et Pancho la poster en ville ce soir pour qu'elle parte demain matin.

MAXINE

Les gosses sont déjà partis dans la camionnette. Sûrement qu'ils ont été à la guinguette voir s'ils n'y trouveraient pas des putains désintéressées.

SHANNON

C'est une éventualité qui n'a pas l'air de te tourmenter beaucoup.

MAXINE

Qu'est-ce que tu te figures, Shannon ? De son vivant, Fred me respectait tout comme je le respectais, moi aussi. Les deux garçons, c'est autre chose. Quand vous laissez des employés devenir trop libres, ils ne vous respectent plus, Shannon. Et c'est... c'est humiliant de ne pas être respectée.

SHANNON

Alors, donne-toi à ton nazi, ton Fahrenkopf. Tu m'as dit...

MAXINE

Parlons sérieusement, tu veux ? J'ai pensé à vendre la baraque et à rentrer au Texas pour diriger une espèce de motel sur une autoroute près d'une grande ville, du genre Houston ou Dallas, où je louerais des cabines à des hommes d'affaires qui auraient envie d'un coin confortable pour amener leur petite secrétaire. Ils auraient le rhum-coco à titre gracieux et la salle de bains avec un bidet. Oui, j'introduirais le bidet aux États-Unis.

SHANNON

Est-ce que pour toi, Maxine, tout doit finir à ce niveau-là ?

MAXINE

Oui, et non, mon petit. Je sais quelle est la différence entre aimer et seulement coucher. Même moi, je sais ça. *(Shannon se lève.)* Nous en sommes tous les deux arrivés au point où nous devons décider quelque chose qui assurera notre vie d'une manière confortable, même si ce n'est pas au niveau le plus élevé.

SHANNON

Me laisser vivre et moisir dans un fauteuil ? Merci. Tu me connais bien mal.

MAXINE

Que si, que je te connais ! Je me souviens d'une conversation que tu as eue avec Fred, sur cette véranda. Tu lui parlais de tes habitudes de petit garçon quand tu étais couché. Tu lui racontais comment ta mère t'avait surpris et t'avait puni pour que le bon Dieu ne te punisse pas plus fort qu'elle.

SHANNON

Ah ! Écoute... Je parlais à Fred.

MAXINE

Tu lui disais... Tu en as voulu à Dieu et à ta mère de t'avoir contrarié dans tes habitudes. Ta mère, pour te venger d'elle, tu t'es mis à coucher avec des jeunes filles et Dieu, pour t'en venger, tu as prêché des sermons athées.

SHANNON

Je n'ai jamais fait un sermon athée et ne voudrai ni ne pourrai en faire un quand je retournerai à l'église.

MAXINE

Tu ne retourneras pas à cette église. As-tu mentionné l'accusation de viol statutaire au doyen de l'École de théologie ?

SHANNON, *poussant violemment sa chaise qu'il renverse.*

Pourquoi ne me fiches-tu pas la paix ? Tu ne m'as pas fichu la paix depuis que je suis arrivé ici. Fiche-moi la paix !

MAXINE, *souriant avec sérénité.*

Ah ! ah ! mon petit...

SHANNON

Qu'est-ce que tu veux dire par : « Ah ! ah ! mon petit. » Qu'est-ce que tu veux de moi ?

MAXINE

Faire juste ça.

(Elle passe la main dans ses cheveux. Il repousse sa main.)

SHANNON

Ah, mon Dieu !

(Il secoue la tête avec un petit rire d'impuissance et descend les marches de la véranda.)

MAXINE

Le cuisinier chinois dit qu'il ne faut donner prise à rien ni à personne, que c'est tout le secret d'être heureux.

SHANNON

Je sais. Et accepter ce qui est inévitable.

MAXINE

Shannon, enfin, avec le dossier que tu as déjà et une accusation de viol statutaire qui te pend au nez, comment pourrais-tu avoir une église, si ce n'est chez les Saints Rouleurs avec de jeunes femelles rouleuses et une charretée de foin sur les dalles de l'église ?

SHANNON

J'irai en ville tout à l'heure en autobus pour poster cette lettre.

(Il se dirige vers le chemin et, écartant le feuillage, regarde vers le bas de la colline.)

MAXINE, *descendant les marches.*

Attention au spectre, il est là-bas.

SHANNON

Les dames du groupe préparent quelque chose. Elles sont sur la route, autour de l'autocar.

MAXINE

Elles te laissent toutes tomber, Shannon.

(Maxine vient près de lui. Il recule. Elle regarde en bas de la colline.
Dans sa cellule, Hannah passe un kimono.)

MAXINE

Ouais, il y a en bas un gros petit homme qui m'a bien l'air de Jacke Latta. Le voilà qui s'engage dans le chemin. Ouais, c'est Jacke, c'est Latta. J'imagine que les Voyages Blake l'ont envoyé pour prendre ton groupe en charge, Shannon. *(Shannon regarde ailleurs et allume une cigarette d'une main tremblante.)* C'est qu'il arrive d'un bon pas, c't'espèce de gros porc. Eh bien, laisse-le venir. Ne donner prise à rien ni à personne, souviens-toi. Tu veux que je m'en occupe pour toi ?

SHANNON

Je m'en occuperai moi-même. Je n'ai besoin de personne. Toi, reste en dehors, s'il te plaît.

(Ils sont remontés sur la véranda.
Hannah, immobile, se tient debout dans sa cellule.
Jacke Latta, essoufflé, mais cordialement souriant, débouche du buisson.)

LATTA

Hé oh ! Larry !

SHANNON

Salut, Jacke ! *(Il plie sa lettre et la met sous enveloppe.)* Madame Faulk, ma belle, cette lettre par avion, ce soir.

MAXINE

Tu ferais mieux de mettre d'abord l'adresse.

SHANNON

Oh !

(Shannon rit et reprend la lettre. Cherchant dans sa poche son carnet d'adresses, sa main tremble.
Latta fait un clin d'œil à Maxine qui sourit d'un air tolérant.)

LATTA

Comment qu'y va not' garçon, Maxine ?

MAXINE

Sûr qu'il se sentirait mieux si je pouvais lui faire boire un verre.

LATTA

Pas moyen de lui en faire descendre un ?

MAXINE

Non, pas même un rhum-coco.

LATTA

Larry, si on prenait un rhum-coco ?

SHANNON

Toi, prends-en un, Jacke. Moi, j'ai à m'occuper d'un groupe de dames. Et je sais d'expérience que les aléas d'un voyage organisé exigent un jugement clair et délibéré. Et toi, Jacke, qu'est-ce que tu fais ici ? Serais-tu dans les parages avec un groupe ?

LATTA

Larry, mon garçon, je suis ici pour recueillir ton groupe.

SHANNON

Ça, c'est intéressant ! Avec l'autorisation de qui ?

LATTA

Les Voyages Blake m'ont télégraphié à Cuernavaca de prendre ton groupe ici et de le joindre au mien parce que tu as eu ton petit trouble nerveux et que...

SHANNON

Montre-moi le télégramme !

LATTA

Le chauffeur dit que tu as pris la clé de l'autocar.

SHANNON

C'est exact. J'ai la clé du car et ni le car ni le groupe ne partiront avant que je l'aie décidé.

LATTA

Tu es malade, mon garçon. Allons, ne me fais pas d'ennuis.

SHANNON

De quelle prison t'a-t-on élargi, hein, gros sac ?

LATTA

Donne-moi la clé du car, Larry.

SHANNON

Tu n'as pas de groupe à Cuernavaca. Tu n'es pas sorti avec un groupe depuis 37.

LATTA

Donne-moi simplement la clé du car, Larry.

SHANNON

Comme ça, je m'en vais te la donner, en plein dans ta sale gueule de porc !

LATTA

Madame Faulk, où c'est qu'est la chambre du révérend ?

SHANNON

La clé est dans ma poche. *(Il frappe la poche de son pantalon.)* Ici, exactement ici. Tu la veux ? Essaie de la prendre, gros lard !

LATTA

Quel langage pour un révérend, madame Faulk !

SHANNON, *montrant la clé.*

Tu la vois ? *(Il la remet dans sa poche.)* Maintenant, retourne là d'où tu es venu en rampant. Mon groupe de dames va rester ici encore trois jours parce que plusieurs d'entre elles ne sont pas en état de voyager, et moi non plus.

LATTA

Elle sont maintenant en train de monter dans l'autocar.

SHANNON

Et comment vas-tu le mettre en marche ?

LATTA

Larry, ne me force pas à appeler le chauffeur pour qu'il te reprenne la clé. Tu veux voir le télégramme des Voyages Blake ? Tiens. Lis-le.

SHANNON

Tu te l'es envoyé toi-même.

LATTA

De Houston ?

SHANNON

Tu te l'es fait envoyer de Houston. Un télégramme, ça ne veut rien dire. Ce qui est vrai, c'est que les Voyagcs Blakc n'étaient rien, rien, jusqu'à ce que j'y vienne ! Et tu crois qu'ils me laisseraient partir comme ça ! Ho ! Latta, sûrement que la tequila et les filles de Cuernavaca t'auront ramolli la cervelle.

LATTA, *appelant, les mains en porte-voix.*

Hank ! Hank ! Viens ici !

SHANNON

Tu ne te rends pas compte de ce que je suis pour les Voyages Blake ? Tu n'as pas vu la brochure dans laquelle ils mentionnent — dans laquelle ils se vantent que les groupes spéciaux sont conduits pour le révérend T. Lawrence Shannon, docteur en théologie, globe-trotter réputé, fils de pasteur et petit-fils d'archevêque, descendant en ligne directe de deux gouverneurs coloniaux. *(Miss Fellowes apparaît en bas des marches.)* Miss Fellowes a lu la brochure, elle sait...

MISS FELLOWES, *à Latta.*

Avez-vous la clé du car ?

LATTA

Vous en faites pas, l'chauffeur va y reprendre en moins d'deux.

SHANNON, *secoué par un rire inquiétant.*

Ha ! ha ! ha ! ha ! ha !

LATTA

Il n'y est plus du tout.

(Il se touche le front.)

SHANNON

Quoi ! Ces dames... certaines d'entre elles... disons la plupart d'entre elles ont eu, pour la première fois de leur vie, l'avantage d'un contact humain avec un organisateur d'une classe internationale, d'une valeur...

MISS FELLOWES

Shannon ! Les filles sont dans l'autocar et nous voulons partir maintenant. Rendez-nous cette clé tout de suite.

(Hank, le chauffeur, apparaît en haut du chemin, sifflant, insouciant.)

SHANNON

Si je n'avais pas le sentiment de mes responsabilités, j'abandonnerais votre groupe avec joie — parce que je ne l'aime pas, votre groupe — à ce dégénéré ici présent, ce Jacke Latta, de l'espèce des Latta-rats de gouttière. Mais je me sens comme au premier jour et, en dépit de vos mauvais traitements, responsable de votre groupe que je ramènerai là où je l'ai pris en charge. *(Hank arrive à la véranda.)* Hé là, Hank, es-tu ami ou ennemi ?

HANK

Larry, faut que j'aie c'te clé tout de suite pour qu'on puisse décarrer d'ici.

SHANNON

Oh ! alors, ennemi. Je suis déçu, Hank, je te prenais pour un ami...

HANK

Obligé, Larry. C'est les ordres.

(Ce disant, il immobilise Shannon et Latta retire la clé de la poche.)

SHANNON

Ça va, ça va, vous avez la clé, maintenant. Par la force. Je suis donc dégagé de toute responsabilité. Prenez le car et les dames qui sont dedans et allez-vous-en. *(Hank s'en va vers le chemin en sifflotant et sort.)* Latta, une minute. Je ne me laisserai pas coincer ici. J'ai eu, au cours de ce voyage, des frais exceptionnels et je n'ai plus d'argent pour regagner Houston, ni même Mexico. Et si ce que tu dis est vrai, que les Voyages Blake t'ont réellement autorisé à prendre mon groupe en charge, alors je suis sûr qu'ils t'ont... *(Suffocant, il reprend sa respiration.)*... qu'ils t'ont donné quelque chose... enfin... une indemnité de licenciement. Ou au moins suffisamment pour mon retour aux États-Unis.

LATTA

Je n'ai reçu aucun argent pour toi.

Shannon

Je ne voudrais pas mettre ta parole en doute, mais...

Latta

On te ramènera à Mexico. Tu t'assiéras devant avec le chauffeur.

Shannon

Tu ferais ça, Latta ? À ta place, je trouverais ça humiliant plus encore pour toi que pour moi. Et maintenant, donne-moi mon indemnité de licenciement !

Latta

Les Voyages Blake vont avoir à rembourser à ces dames la moitié du prix du voyage. C'est ça ton indemnité de licenciement. Et Miss Fellowes m'a dit que tu avais reçu beaucoup d'argent de cette jeune fille que tu as séduite.

Shannon

Miss Fellowes, avez-vous vraiment fait une telle...

Miss Fellowes

Quand Charlotte est rentrée ce soir-là, elle avait touché deux chèques de voyage.

Shannon

Après que j'ai eu dépensé tout mon propre argent.

Miss Fellowes

Dépensé comment ? Avec les prostituées des endroits dégoûtants où vous l'avez entraînée ?

Shannon

Charlotte a touché deux chèques de voyage de dix dollars chacun parce que j'avais dépensé tout l'argent que j'avais sur moi. Et je n'ai jamais eu et n'ai certainement jamais désiré avoir des relations avec des prostituées.

MISS FELLOWES

Vous l'avez emmenée dans des endroits effroyables tels que...

SHANNON

Je lui ai montré ce qu'elle souhaitait connaître. Demandez-le-lui ! Je lui ai montré Saint-Jean-de-Latran, je lui ai montré Tenampa et quelques autres endroits non mentionnés dans la brochure des Voyages Blake. Elle vous le dira elle-même. *(Il se penche par-dessus la balustrade et crie en bas :)* Charlotte ! Charlotte ! *(Miss Fellowes lui saisit le bras et le tire avec force loin de la balustrade.)*

MISS FELLOWES

Ah non, vous n'aurez pas cette audace !

SHANNON

L'audace de quoi ?

MISS FELLOWES

De l'appeler, de lui parler, de l'approcher, vous, vous... dégoûtant !

(Maxine réapparaît au coin de la véranda et reste là, debout, avec un large sourire.)

SHANNON

Bien, bien. Je voulais simplement lui faire confirmer ce que j'ai dit : que je l'ai sortie ce soir-là sur sa demande et non pas sur ma... suggestion. Tout ce que j'ai fait a été de lui offrir mes services quand elle m'a demandé à voir des choses non mentionnées dans la brochure, telles que...

MISS FELLOWES

Telles que votre chambre d'hôtel, hein ? ça aussi ? Elle est revenue dévorée par les puces !

SHANNON

Holà ! s'il vous plaît, n'exagérez pas. Personne n'a jamais attrapé de puces de Shannon.

MISS FELLOWES

On a dû faire désinfecter ses habits !

SHANNON

Je comprends votre contrariété, mais vous allez trop loin quand vous affirmez que j'ai donné des puces à Charlotte. Je ne nie pas que...

MISS FELLOWES

Attendez un peu de voir mon rapport !

SHANNON

Je ne nie pas qu'il soit possible d'attraper des puces quand on fait une tournée d'inspection de ce qui se trouve sous la surface sociale des villes, loin des grands boulevards, loin des cabarets, loin même des murs peints de Diego Rivera, mais...

MISS FELLOWES

Oh, prêchez ça en chaire, révérend Shannon, révérend dé-fro-qué !

SHANNON

Vous avez dit là une parole de trop... *(Il la saisit par le bras.)* Et cette fois devant témoins. Miss Jelkes ? Miss Jelkes ? *(Hannah ouvre le rideau de sa cellule.)*

HANNAH

Oui, monsieur Shannon, qu'est-ce que c'est ?

SHANNON

Vous avez entendu ce que cette...

MISS FELLOWES

Shannon, retirez votre main de mon bras !

SHANNON

Miss Jelkes, dites-moi simplement si vous avez entendu ce qu'elle...

(Sa voix s'arrête de façon bizarre, suffoquée par les sanglots. Il court au mur qu'il frappe de ses poings.)

MISS FELLOWES

J'ai dépensé plus de vingt dollars en communications téléphoniques et j'ai passé mon après-midi à recueillir des renseignements sur cet imposteur.

HANNAH

Monsieur Shannon n'est pas un imposteur. Vous ne devez pas dire des choses pareilles.

MISS FELLOWES, *à Shannon.*

On vous a fermé la porte de votre église — pour athéisme et détournement de jeunes filles !

SHANNON, *se retournant.*

Devant Dieu et devant témoins, vous mentez, vous mentez !

LATTA

Miss Fellowes, j'veux que vous sachiez que les Voyages Blake, i-z-ont été dupés sur le passé de ce type et aussi que les Voyages Blake, i vont faire le nécessaire pour que Shannon soit sur la liste noire de toutes les agences des États-Unis.

SHANNON

Et l'Afrique et l'Asie et l'Australie ? Le monde entier, Latta, le monde de Dieu a été le champ de mes voyages. Je n'ai pas respecté le programme des brochures, mais j'ai toujours permis de voir à ceux qui voulaient voir... les bas-fonds de partout, et s'ils avaient un cœur à émouvoir et des sentiments humains, je leur ai donné une chance inestimable d'être émus et de comprendre la misère du monde. Et aucun ne l'oubliera jamais, aucun d'eux, jamais, jamais !

(La passion de ses paroles impose un temps de silence.)

LATTA

Vas-y, étends-toi dans ton hamac, Shannon, tu n'es bon qu'à ça. *(Il se penche sur la balustrade et crie vers le bas de la colline :)* Attache les bagages sur le toit ! Et que ça saute ! *(Hank apparaît en haut du chemin.)*

HANK

Miss Fellowes, la jeune fille, Miss Charlotte, elle s'est sauvée.

MISS FELLOWES

Quoi ?

HANK

Personne l'a vue partir. Personne sait ce qu'elle est devenue.

MISS FELLOWES, *à Shannon.*

Où est-elle ? *(Shannon ne répond pas. Elle va ouvrir sa cellule et jette un coup d'œil dans les autres, regarde sous les lits...)* Latta ! Hank ! Fouillez tous les recoins de l'hôtel ! Fouillez l'annexe !

(Latta et Hank disparaissent derrière la maison. Miss Fellowes jette encore un coup d'œil à la cellule de Nonno.)

MISS FELLOWES

Shannon, où est-elle ?

SHANNON

Vous savez très bien qu'elle n'est pas ici. Vous savez très bien que c'est beaucoup plus grave que si elle était ici.

MISS FELLOWES, *angoissée.*

Beaucoup plus grave ? Que voulez-vous dire ?

SHANNON

Vous faites du vent, Miss Fellowes, dans l'espoir que votre agitation vous dispensera de regarder les choses en face, mais vous avez déjà compris que votre comportement à l'égard de cette gamine de seize ans trouve ce soir sa conclusion.

MISS FELLOWES, *balbutiant.*

Non, je... je vous assure... je ne saisis pas...

SHANNON

Eh bien, le pasteur défroqué que je suis va vous l'expliquer. Je vous en prie, Miss Jelkes, restez ici. Quand cette petite s'est précipitée dans ma chambre, à Mexico, que venait-elle chercher ? Le refuge naturel qu'espère trouver auprès d'un homme une jeune fille serrée d'un peu trop près par une respectable demoiselle dont elle refuse la pressante affection.

MISS FELLOWES, *faiblement.*

Je vous défends...

SHANNON

Taisez-vous. Il ne s'agit pas d'établir des responsabilités, mais de faire le point. Charlotte n'était pas une imaginative, mais une fille saine, équilibrée. Ce qui s'est passé dans ma chambre, elle aurait dû normalement, je ne dis pas l'oublier, mais le ranger dans un compartiment de sa mémoire sans en être gênée le moins du monde. Il ne manque pas de jeunes filles qui font très bon ménage avec un petit secret du même genre. Par malheur, vous étiez là pour lui en arracher la confidence et vous l'avez si bien tourmentée, retournée sur le gril, traquée de mille manières, que, depuis huit jours, cette enfant a vécu dans un état de fièvre obsessionnelle frisant la démence. Vous l'avez proprement affolée.

MISS FELLOWES, *plaintive.*

Mais enfin, que craignez-vous ?

SHANNON

Je crains le pire.

MISS FELLOWES

Mon Dieu... Shannon, que faut-il faire ?

SHANNON

Que voulez-vous faire ? Attendre. Attendre jusqu'à l'aube le moment de descendre à la plage pour voir si la mer...

MISS FELLOWES

Non ! Non ! Non ! Shannon ! Non !

SHANNON

Bien sûr. Moi aussi, j'espère que non. Je l'espère désespérément.

HANNAH

Je ne crois pas qu'elle ait pris un parti aussi extrême.

(Maxine et Latta apparaissent au coin de la véranda.)

LATTA

Rien, personne. Tout a été retourné. Hank a même fouillé les buissons. Moi, mon idée, c'est qu'on s'en aille à la ville dans l'hôtel où j'ai retenu les chambres. S'il y a du nouveau ici, on nous téléphonera.

MISS FELLOWES

C'est stupide. Il ne peut pas être question de partir.

LATTA, *descendant les marches.*

Je vais consulter les dames.

MISS FELLOWES

Mais de quoi vous mêlez-vous ?

LATTA

Permettez, c'est moi qui dirige le groupe, hein ? Je vais quand même pas rester en rade avec mon chargement parce que ce nom de Dieu de pasteur pourri s'est mis en cheville avec la gosse pour nous empêcher de partir !

(Il sort.)

MAXINE

Ha !

MISS FELLOWES

Latta !

(Elle sort derrière lui.)

VOIX DE LATTA

Ben quoi, on est en pleine foire ! J'avais dit de ficeler les bagages sur le toit ! Allez-y !

NONNO, *de sa cellule.*

Quand donc reverrons-nous l'étoile matutine
La corolle brillante où le bourdon butine
Et les jeux... et les jeux...

(Shannon respire fortement, puis, se précipitant hors de la véranda, disparaît dans le chemin.)

HANNAH

Monsieur Shannon ! Non ! Monsieur Shannon !

MAXINE

Qu'est-ce qu'il fait c't'espèce de piqué ? *(On entend venant du bas de la colline un concert de cris indignés et d'éclats de rire scandalisés.*

Maxime, se précipitant sur le chemin :) Shannon ! Shannon ! Remonte ici ! Remonte ! Pedro ! Pancho ! *Traenme a* Shannon ! Où c'est qu'ils sont, ces deux-là ? Shannon ! Arrêtez-le ! Pour l'amour de Dieu ! Que quelqu'un l'arrête ! Ah ! Quand même... Je n'ai pas été assez énergique avec c't'enfant d' garce !

(Shannon revient, pantelant et à bout. Il est suivi de Maxine.)

Shannon, va dans ta chambre et restes-y jusqu'au départ de ce groupe.

SHANNON

Ne me donne pas d'ordres.

MAXINE

Tu fais c' que j' te dis ou je te fais emmener — tu sais où.

SHANNON

Maxine, ne me pousse pas, ne me tire pas.

MAXINE

Bon, alors fais c'que j'te dis.

SHANNON

Shannon obéit seulement à Shannon.

MAXINE

Tu chanteras une autre chanson s'ils te mettent où ils t'ont mis en 36. Tu te souviens de 36, Shannon ?

SHANNON

Ça va, Maxine, seulement... laisse-moi respirer tranquille, veux-tu ? Je ne m'en irai pas, mais je veux m'étendre dans le hamac...

MAXINE

Va dans la chambre de Fred où je peux te surveiller.

SHANNON

Plus tard, Maxine, pas encore.

MAXINE

Pourquoi faut-il que tu viennes toujours ici pour craquer, Shannon ?

SHANNON

Ah ! Qu'est-ce que j'ai fait ?... *(Il secoue la tête, accablé.)* Maxine ! Je ne sais pas ce que j'ai fait, je ne sais plus.

MAXINE

Ce que tu as fait ? Tu as pissé sur les bagages des dames. Voilà ce que t'as fait.

SHANNON

Alors, je suis fou. Je suis sûrement fou.

MAXINE

Non, rien qu'un peu timbré comme tu l'as toujours été. Va dans ta chambre jusqu'à ce que je revienne. Elles ne m'ont pas payé leur fichue note. Faut que je redescende là-bas pour récupérer mon fric.

(Maxine court vers le chemin et disparaît. Hannah ouvre le rideau de sa cellule, mais ne sort pas. Ses cheveux sont répandus sur ses épaules.)

SHANNON

Dieu tout-puissant... Qu'est-ce que j'ai fait ? Comment est-ce possible ? Et cette gamine... cette gamine... Comment n'ai-je pas deviné ?...

(Du bas de la colline parvient le bruit confus d'une altercation où se mêlent les voix de Maxine, de miss Fellowes et de Latta.)

Latta va-t-il décider les dames à partir ? Oui, sûrement, il les aura à la fatigue. Dans un quart d'heure, elles seront parties. Les dernières dames de mon dernier groupe. Mon dernier groupe !

(Il se penche sur la balustrade et se redresse brusquement, avec un cri d'animal, en tirant sur la chaîne de la médaille d'or suspendue à son cou.
Hannah se précipite sur lui.)

HANNAH

Monsieur Shannon ! Arrêtez, voyons ! Arrêtez ! Vous êtes en train de vous couper la nuque. Vous saignez. C'est stupide. Shannon, laissez-moi faire, laissez-moi vous la retirer. Enlevez vos mains.

(Il laisse tomber ses bras. Elle essaie en vain d'ouvrir le fermoir.)

SHANNON

Non, non, on ne peut pas la retirer, il faut que je la casse !

HANNAH

Non, attendez, ça y est, je l'ai.

(Elle a pu la retirer.)

SHANNON

Merci. Gardez-la. Au revoir.

(Il va vers le chemin.)

HANNAH

Où allez-vous ? Qu'allez-vous faire ?

SHANNON

Je vais nager, je vais nager jusqu'en Chine.

HANNAH

Non, non, pas ce soir, Shannon ! Demain... demain, Shannon ! *(Shannon écarte les buissons et disparaît. Hannah courant derrière lui :)* Madame Faulk ! Madame Faulk !

VOIX DE MAXINE

Shannon, fais-moi le plaisir de remonter dare-dare ! Ne le laissez pas passer ! Arrêtez-le ! Il est fou ! Hank ! Empoigne-le et ramène-le en haut ! Tiens-le bien ! Tu vas m'aider à l'attacher. Sacré Irlandais de malheur, on peut même plus le laisser seul. Ah ! Il est frais !

VOIX DE LATTA, *se détachant d'une rumeur de voix féminines.*

Dire que ça se mêlait de vouloir diriger un groupe !

(Tiré par Hank et par Maxine à travers les buissons, Shannon est ramené sur la véranda.)

MAXINE

Fous-le dans le hamac. Je vais chercher des cordes.

(Elle disparaît derrière la maison.)

HANK

Mon pauv' Larry, comment q' tu peux t' mettre dans des états pareils ?

SHANNON

Hank, si la gosse revient avant le départ du car, promets-moi que tu me préviendras.

HANK

C'est juré.

(Maxine revient avec les cordes. Aidée par Hank, elle attache Shannon sur le hamac. Gémissement de Shannon qui se débat.)

MAXINE, *à Hank*

Passe la corde en dessous... repasse... tire... aie pas peur de serrer...

HANNAH

Vous lui faites mal.

MAXINE

Si ça pouvait le dresser un peu. Tu veux boire un coup, Hank ?

HANK

Une bière, si tu veux. Je la boirai en redescendant. *(Maxine disparaît de nouveau.)* Larry, je vais te dire un truc qui va te faire plaisir. Les bonnes femmes du groupe, ça colle pas du tout avec Jacke Latta. Ça ira encore moins bien qu'avec toi.

SHANNON, *ému.*

Merci Hank. T'es vraiment un ami.

(Maxine revient avec la bière qu'elle tend à Hank.)

HANK

Merci.

(Il s'éloigne et disparaît dans le chemin. Shannon respire bruyamment comme s'il suffoquait.)

HANNAH

Les cordes sont trop serrées sur sa poitrine !

MAXINE

Non, elles ne sont pas trop serrées. Il joue la comédie. C'est son vice. Je connais mieux que personne ce bâtard d'Irlandais des mines. Alors, tiens-toi à l'écart, ma belle. Il craque comme ça si régulièrement qu'il pourrait servir à établir un calendrier. Tous les dix-huit mois, ça y est, et deux fois déjà, ça s'est passé ici, même que j'ai dû payer les soins médicaux. Maintenant, je vais téléphoner à un docteur de la ville qu'il vienne lui faire une injection pour le calmer et s'il n'est pas mieux demain, je l'expédie à la *casa de locos*, comme la dernière fois qu'il a craqué ici.

(Elle sort.)

SHANNON, *après quelques secondes de silence.*

Miss Jelkes ?

HANNAH

Oui ?

SHANNON

Où êtes-vous ?

HANNAH

Je suis là, juste derrière vous. Puis-je faire quelque chose pour vous ?

SHANNON

Asseyez-vous là où je puisse vous voir. N'arrêtez pas de parler. Il faut que je surmonte la terreur qui m'envahit.

(Hannah avance une chaise près du hamac. Les Allemands, en maillots de bain, arrivent de la plage. Ils s'assemblent autour du hamac, ravis du scandale provoqué par Shannon.)

HILDA

Ach ! Wie komisch war der Mann ! Ich muß noch lachen. (Ah ! Que cet homme était drôle ! J'en ris encore.)

(Ils rient tous trois fort.)

HANNAH

Voulez-vous, s'il vous plaît, avoir l'obligeance de le laisser tranquille ?

(Ils font semblant de ne pas entendre. Frau Fahrenkopf se penche sur Shannon.)

FRAU FAHRENKOPF, *très haut et lentement.*

J'ai vu vous faire pipi sur les bagages. Ha ! ha ! vous courir en bas à autocar et là, devant les dames, vous pisser sur bagages des dames du Texas. Ha !

HANNAH

Je vous prie...

(Sa protestation est couverte par les rires des Allemands.)

HERR FAHRENKOPF

Es ist wunderbar! Wunderbar! (C'est merveilleux ! Merveilleux !) C'est un geste épique ! C'est votre façon de prouver aux dames que vous êtes un gentleman américain ! Ha ! *(Rires. Il se tourne vers les autres Allemands.) Wissen Sie was er in seiner Hand hatte ? Ein ganz kleines Vögelein !* (Vous savez ce qu'il avait dans sa main ? Un tout petit oiseau.)

(Il déchaîne les rires et les cris de joie. Hilda se laisse tomber en arrière dans les bras de Wolfgang qui la reçoit les mains sur sa poitrine presque nue.)

HANNAH

Madame Faulk ! Madame Faulk ! *(Elle court au coin de la véranda où apparaît Maxine.)* Voulez-vous demander à ces personnes de le laisser tranquille ? Elles le tourmentent comme un animal dans une trappe.

(Les Allemands s'éloignent déjà, riant et chantant.)

HERR FAHRENKOPF

Wir wollen über die Tour Eiffel pissen ! (Rire des autres qui reprennent en chœur.) Wir wollen über Pas-de-Calais pissen ! (Nous voulons pisser sur la tour Eiffel ! Nous voulons pisser sur le Pas-de-Calais !)

(Rires et chœur. Ils sortent.)

SHANNON, *soudain dans un grand cri.*

Retour à l'infantilisme ! La protestation infantile contre la mère, contre Dieu... contre tout !

(Hannah et Shannon sont maintenant seuls.)

SHANNON

Détachez-moi.

HANNAH

Pas encore.

SHANNON

Je ne peux pas supporter d'être attaché.

HANNAH

Il faut que vous le supportiez un peu.

SHANNON

Ça me terrorise.

HANNAH

Je le sais.

SHANNON

Un homme peut mourir de terreur.

HANNAH

Pas s'il y trouve autant de plaisir que vous, monsieur Shannon.

(Elle entre dans sa cellule directement derrière le hamac. La cellule est éclairée, on la voit sortir de sa valise, posée sur sa couchette, une petite théière, une boîte de thé, puis un petit réchaud à alcool.)

SHANNON

Que signifie cette remarque insultante ?

HANNAH

Quelle remarque, monsieur Shannon ?

SHANNON

Le plaisir que je prends.

HANNAH

Oh, ça...

SHANNON

Oui, ça.

HANNAH

Il ne s'agit pas d'une insulte, mais d'une observation. Je ne juge pas les gens, je les dessine, c'est tout ce que je fais. Mais, pour les dessiner, je dois les observer, n'est-ce pas ?

SHANNON

Et vous avez observé, vous croyez avoir observé, que je prends plaisir à être attaché dans ce hamac, ligoté comme un pourceau qu'on traîne à l'abattoir, Miss Jelkes ?

HANNAH

Qui n'aimerait souffrir et expier ses propres péchés et ceux du monde si cela pouvait être fait dans un hamac avec des cordes au lieu de clous, sur une colline qui est tellement plus riante que le Golgotha, monsieur Shannon ! Il y a quelque chose de voluptueux dans votre manière de vous tortiller et de gémir dans ce hamac. Pas de clous, pas de sang, pas de mort. N'est-ce pas là une crucifixion comparativement confortable à endurer pour les péchés du monde, monsieur Shannon ?

(Elle frotte une allumette et allume le réchaud à alcool.)

SHANNON

Pourquoi vous êtes-vous, tout à coup, tournée contre moi, alors que j'ai le plus besoin de vous ?

HANNAH

Je ne suis pas du tout tournée contre vous, monsieur Shannon. Je vous propose simplement une esquisse de votre personnage, mais en paroles, au lieu de le faire au pastel ou au fusain.

SHANNON

Vous avez, dans le genre vieille fille de la Nouvelle-Angleterre, une soudaine assurance qui ne m'était pas encore apparue. Je vous prenais pour une puritaine affranchie de sa condition de femme, Miss Jelkes...

HANNAH

Qui l'est jamais tout à fait ?

SHANNON

J'ai pu croire que vous n'aviez pas les habituelles réactions de votre sexe, mais force m'est de le constater, vous êtes bel et bien une femme, mais oui, une femme prenant plaisir à me voir pieds et poings liés. Toutes les femmes ont le désir de voir un homme pieds et poings liés. Toute leur vie, elles travaillent à réduire un homme à cette inconfortable situation, n'est-ce pas ? *(Hannah s'éloigne du réchaud et de la théière et va à la balustrade où elle respire plusieurs fois profondément.)* Mon croquis vous déplaît, Miss Jelkes ? Encore des respirations profondes. Seriez-vous prise de panique ?

HANNAH, *reprenant haleine et retournant au réchaud.*

Je voudrais vous détacher tout de suite, mais laissez-moi attendre que votre malaise soit passé. Vous en êtes encore à jouer le Mystère de la Passion, monsieur Shannon. Je suis frappée de l'indulgence que vous avez pour votre propre personne.

SHANNON

Quelle est cette lamentable indulgence ?

HANNAH

Tenez, à propos de votre groupe de dames. Moi non plus, je n'ai pas grande sympathie pour ces dames du collège baptiste mais, après tout, elles ont économisé toute l'année pour faire ce voyage au Mexique. Elles tenaient beaucoup à descendre dans des hôtels mal aérés et à manger comme au Texas. En somme, elles tenaient par-dessus tout à se sentir chez elles, loin de chez elles, mais vous... vous ne vous refusez rien, monsieur Shannon. En fait, vous avez conduit ce voyage comme s'il avait été organisé pour vous, pour votre propre plaisir.

SHANNON

Bon Dieu, quel plaisir aurais-je pu prendre à l'enfer que j'ai enduré tout le long du chemin ?

HANNAH

Un enfer tempéré par la compagnie du petit prodige vocal placé sous l'aile protectrice de Miss Fellowes, soyons justes.

SHANNON

Les vieilles filles de Nantucket ont l'humour glacé. Miss Jelkes, je vous prie de répondre sincèrement à cette question : que croyez-vous qu'ait pu faire Charlotte ?

HANNAH

Je ne peux que vous faire part d'une impression, je ne l'ai pas vue longtemps, mais je l'ai bien regardée. C'est une jeune personne solide, bien plantée. Une fille de fermiers, je pense.

SHANNON

Oui, une fille de petits fermiers texans.

HANNAH

Elle m'a fait l'effet d'une fille aimant la nourriture, les émotions fortes, bien décidée à mordre dans la vie et ne manquant pas d'audace. Je veux bien qu'au cours de ce voyage les événements l'aient un peu déséquilibrée, mais pas au point d'envisager une solution désespérée. Je suis certaine qu'elle va revenir à l'autocar.

SHANNON

J'aimerais vous croire, mais songez qu'elle caressait l'espoir de m'épouser.

HANNAH

Ne vous complaisez pas trop à ces flatteuses pensées. Bien sûr qu'elle aurait voulu être épousée. À son âge, qui ne souhaiterait rompre avec la vie de pensionnaire et épater les amies en sautant à pieds joints dans le mariage ? Mais je pense qu'elle a très raisonnablement pris son parti de cet échec.

SHANNON

J'en suis moins sûr que vous.

HANNAH

Au fond, vous ne tenez pas tellement à être rassuré sur le sort du petit prodige vocal.

SHANNON

Si Charlotte s'est tuée, pensez-vous que je sois responsable de sa mort ?

HANNAH

Naturellement, puisque le groupe vous avait été confié. En fait, votre regrettable conduite en cette affaire n'aurait pas été un facteur déterminant. Il est certain qu'aux yeux du petit prodige, vous aviez beaucoup moins d'importance que sa maîtresse de chant. C'est du reste ce que vous avez si bien expliqué tout à l'heure à Miss Fellowes.

SHANNON

Je le lui ai expliqué après coup ! Mais pendant que la tragédie mûrissait, je n'ai rien compris, rien deviné ni même soupçonné de ce qui se préparait.

HANNAH, *petit ricanement.*

Bien sûr, vous n'étiez occupé que des petits désagréments que vous avait valus cette aventure.

SHANNON

Vous ne me passez rien.

HANNAH

Je voudrais vous aider à faire un effort que vous n'avez jamais fait : celui de vous regarder comme si vous étiez pour vous-même un étranger.

SHANNON, *après un temps.*

Je ne peux pas voir ce que vous faites, Miss Jelkes, mais je pourrais presque jurer que vous êtes en train de faire du thé, là, derrière...

HANNAH

C'est exactement ce que je fais.

SHANNON

Est-ce que vous trouvez le moment bien choisi pour prendre le thé ?

HANNAH

Ce n'est pas seulement du thé, c'est du thé avec des graines de pavot.

SHANNON

De pavot ?

HANNAH

C'est une boisson douce et sédative qui aide à passer les nuits difficiles ; j'en fais pour moi-même et mon grand-père aussi bien que pour vous, monsieur Shannon. La nuit qui vient sera pénible pour lui. Ne l'entendez-vous pas, dans sa cellule, qui marmotte encore, encore et encore les vers de son nouveau poème ? Il est comme un aveugle gravissant un escalier qui ne conduit nulle part, qui finit juste dans l'espace *(pour elle-même)*, autant dire dans le vide.

(Elle respire profondément plusieurs fois, derrière lui.)

SHANNON

Ce soir, mettez-lui de la ciguë dans son thé au pavot, qu'il ne se réveille pas demain pour le déménagement à la *Casa de Huespedes*. Faites cet acte de miséricorde. Mettez de la ciguë, et je la consacrerai, je la changerai en sang du Seigneur. Bon Dieu, si vous me faites sortir de ce hamac, je la lui servirai moi-même ! Je serai votre complice dans cet acte de miséricorde. Je lui dirai : « Prenez et buvez ceci, le sang de notre... »

HANNAH

Arrêtez ! Cessez d'être cruel comme un enfant. Je ne peux pas supporter qu'une personne que je respecte parle et se conduise comme un petit garçon cruel, monsieur Shannon.

SHANNON

Qu'avez-vous trouvé à respecter en moi, Miss Femme-Bouddha ?

HANNAH

Je respecte une personne qui a eu à hurler et à se battre pour sa dignité.

SHANNON

Vous me respectez ?

HANNAH

Oui.

SHANNON

Alors, détachez-moi !

HANNAH

Bientôt, bientôt, soyez patient.

SHANNON

Maintenant !

HANNAH

Pas encore. Pas avant d'avoir l'assurance que vous n'allez pas partir à la nage pour la Chine. Voyez-vous, monsieur Shannon, je soupçonne que, dans votre esprit, « nager jusqu'en Chine » est une autre forme d'expiation également sans douleur, car vous ne pensez naturellement pas aux requins ni aux barracudas.

SHANNON

Vous croyez donc à l'utilité d'attacher les gens ?

HANNAH

Seulement quand on peut craindre qu'ils ne s'en aillent à la nage jusqu'en Chine.

SHANNON

S'il vous plaît, Miss Femme-Bouddha, allumez-moi une cigarette.

HANNAH

Bon. Où avez-vous mis vos cigarettes ?

SHANNON

J'en ai un paquet dans ma poche.

HANNAH

Quelle poche ?

SHANNON

Je ne sais pas. Il va falloir que vous tâtiez.

HANNAH

Elles ne sont pas dans la poche de votre veste.

SHANNON

Alors, elles sont dans la poche de mon pantalon. *(Après une hésitation marquant le dégoût, elle fouille la poche du pantalon et en retire le paquet de cigarettes.)* Maintenant, allumez-en une et mettez-la-moi à la bouche.

(Elle obéit. Presque tout de suite il s'étrangle et lâche la cigarette.)

HANNAH

Vous l'avez fait tomber sur vous. Où est-elle ?

SHANNON, *se tortillant dans le hamac.*

Elle est sous moi, sous moi, elle me brûle... Détachez-moi, voulez-vous, pour l'amour de Dieu, elle me brûle à travers mon pantalon !

HANNAH

Levez vos hanches pour que je puisse...

SHANNON

Je ne peux pas, les cordes sont trop serrées. Détachez-moi, détachez déta... mouaaaa !

HANNAH

Je l'ai trouvée, je l'ai !

(Mais les cris de Shannon ont fait sortir Maxine de son bureau. Elle se précipite sur la véranda et s'assied sur les jambes de Shannon.)

MAXINE

Maintenant, écoute ça, toi, vaurien d'Irlandais des corons ! J'ai appelé Lopez, Doc Lopez. Tu te souviens de lui, l'homme à la veste blanche qu'est venu la dernière fois que t'as craqué ici ? Qui t'a traîné à la *casa de locos* où qu'ils t'ont jeté dans une cellule avec rien dedans qu'un seau et une paillasse et une conduite d'eau ? Que t'as rampé le long de la conduite d'eau, qu't'es tombé la tête la première sur le sol, que ça t'a fait une commotion ? Ouais, ouais, je lui ai dit que t'étais revenu ici pour craquer de nouveau et que si tu te calmais pas ce soir il faudrait t'emmener au matin.

SHANNON, *l'interrompant avec un cri de bête effrayée.*

Va-t'en, va-t'en, va-t'en, va-t'en, va-t'en !

HANNAH

Oh ! madame Faulk, M. Shannon ne se calmera pas tant qu'on ne le laissera pas tranquille dans le hamac.

MAXINE

Alors, pourquoi ne le laissez-vous pas tranquille ?

HANNAH

Je ne m'assieds pas sur lui et... quelqu'un doit s'occuper de lui.

MAXINE

Et ce quelqu'un c'est vous ?

HANNAH

Il y a bien longtemps, madame Faulk, j'ai eu à m'occuper de quelqu'un qui se trouvait dans l'état de M. Shannon. Je sais combien il est nécessaire de le laisser tranquille un moment.

MAXINE

Il n'était pas tranquille du tout, il criait.

HANNAH

Il va se calmer de nouveau. Je prépare du thé sédatif pour lui, madame Faulk.

MAXINE

Ouais, je vois. Éteignez ça. Personne ne fait de cuisine ici, sauf le Chinois dans la cuisine.

HANNAH

Ce n'est qu'un petit réchaud à alcool, madame Faulk.

MAXINE

Je sais ce que c'est. Pas de ça, ici.

(Elle souffle sur la flamme sous le réchaud.)

SHANNON

Maxine, ma douce, tu perds ton temps à vouloir persécuter Miss Jelkes. Une femme bouddha est naturellement hors de toute atteinte. *(Il parle tranquillement maintenant.)* Rends-moi plutôt un service. Jette un coup d'œil vers le bas et dis-moi si la gosse est revenue.

MAXINE

Ah ! la gosse... *(Elle va jusqu'au buisson.)* Les bonnes femmes font les cent pas à côté du car. Ça m'a tout l'air que Miss Fellowes est en train d'engueuler Jacke Latta. Mais la gosse est pas là. *(Elle revient sur la véranda.)* Ça t'inquiète ?

SHANNON

Plutôt.

(On entend les Allemands qui appellent pour avoir de la bière. Ils en veulent une caisse pour l'emporter sur la plage.)

WOLFGANG

Eine Kiste Carta Blanca. (Une caisse de Carta Blanca.)

FRAU FAHRENKOPF

Wir haben genug gehabt... vielleicht nicht. (On en a bu assez... Peut-être pas.)

HERR FAHRENKOPF

Nein ! Niemals genug. (Non ! Jamais assez.)

HILDA

Mutter du bist... aber wir sind es nicht. (Mère, tu es... mais nous ne le sommes pas.)

SHANNON

Maxine, tu négliges tes devoirs de serveuse de bière. Ils veulent une caisse de Carta Blanca pour emporter sur la plage. Donnez-la-leur... et ce soir, quand la lune sera descendue, si tu me fais sortir de ce hamac, j'essaierai de t'imaginer... comme une nymphe adolescente.

MAXINE

Un riche chopin tu serais dans l'état où tu es.

SHANNON

Allons, ne fais pas la difficile, surtout à ton âge, ma douce.

MAXINE

Ha !

(Mais l'offre peu flatteuse lui a été agréable. Elle retourne vers les Allemands.)

SHANNON

Et maintenant, Miss Jelkes, faites-moi goûter à votre thé aux graines de pavot.

HANNAH

Je n'ai plus de sucre, mais j'ai du gingembre, du gingembre sucré. *(Elle sert une tasse de thé et la boit.)* Oh, il n'est pas encore assez infusé, mais essayez d'en boire un peu maintenant et la... *(Elle rallume le réchaud.)*... la deuxième tasse sera meilleure.

(Elle s'accroupit près du hamac et porte la tasse aux lèvres de Shannon. Il lève la tête pour boire, mais il suffoque.)

SHANNON

Ombre du grand César ! On ne pourrait en faire passer le goût qu'avec le breuvage des sorcières de *Macbeth* !

HANNAH

Oui, je sais, c'est encore amer.

(Les Allemands apparaissent sur l'aile de la véranda et s'en vont en rang vers la plage pour un festival de bière et un bain au clair de lune. Même dans l'obscurité relative, ils ont une couleur lumineuse, une couleur de peau rose et dorée presque phosphorescente.
Ils transportent une caisse de bière Carta Blanca et le cheval en caoutchouc peint de façon fantastique.
Ils ont des sourires euphoriques tandis qu'ils avancent, telle une image de rêve, et commencent à entonner une marche.)

SHANNON

Démons sortis de l'enfer, avec des voix... d'anges.

HANNAH

Ils appellent ça « la logique des contrastes », monsieur Shannon.

SHANNON, *se penche soudainement en avant et dénoue les cordons relâchés.*

Sorti ! Libre ! Sans assistance !

HANNAH

Oh, je n'ai jamais douté que vous puissiez vous libérer, monsieur Shannon.

SHANNON

Merci quand même pour votre aide.

HANNAH

Où allez-vous ?

(Il s'est dirigé vers la petite table roulante où sont les alcools.)

SHANNON

Pas loin, jusqu'à la table des alcools, pour me faire un rhum-coco.

HANNAH

Oh !...

SHANNON, *à la table des alcools.*

Noix de coco, voilà, machette, voilà, rhum, voilà, deux fois, glace ? Le seau est vide. Ça ne fait rien, c'est un soir pour boissons tièdes, Miss Jelkes, aimeriez-vous prendre le rhum-coco qui est offert gracieusement ?

HANNAH

Non merci, monsieur Shannon.

SHANNON

Ça ne vous ennuie pas que je prenne le mien ?

HANNAH

Pas du tout, monsieur Shannon.

SHANNON

Vous ne désapprouvez pas cette faiblesse, cette satisfaction égoïste ?

HANNAH

L'alcool n'est pas votre problème, monsieur Shannon.

SHANNON

Et quel est mon problème, Miss Jelkes ?

HANNAH

Le plus vieux du monde. Vous avez soif de croire en quelqu'un ou en quelque chose qui serait pour vous une source intarissable d'émerveillement. Mais, comme tant d'autres, vous restez sur votre soif.

SHANNON

Rien qu'au son de votre voix, je devine que, pour votre compte, vous êtes sans espoir à ce sujet.

HANNAH

Non, pas sans espoir. En fait, j'ai découvert quelque chose en quoi je peux croire.

SHANNON

Et qui est pour vous une source d'émerveillement ? Serait-ce Dieu ?

HANNAH

Oh ! Non. C'est... comment vous le dire ? J'ai découvert qu'entre deux êtres aussi différents que nous le sommes, vous le viveur impénitent, terriblement occupé de lui-même et moi, la vieille fille précautionneuse et renfermée, il existe un chemin naturel de compréhension défiant toute logique.

Ce sentiment de confiance, cette complicité entre vous et moi, quel mystère !

SHANNON

Et quelle douceur ! Je vous en ai une infinie gratitude, mais où cela nous mène-t-il ? Demain, vous serez à la *Casa de Huespedes* et moi, Dieu sait où.

HANNAH

Ce qui compte, c'est qu'un soir une rencontre aussi improbable se soit produite.

SHANNON

Vous avez raison et, pour ma part, je suis comblé. Qui était le quelqu'un dont vous parliez à Maxine, que vous avez aidé, il y a longtemps, à surmonter un effondrement comme le mien ?

HANNAH

Ce quelqu'un, c'était moi-même.

SHANNON

Vous ?

HANNAH

Oui, je peux vous aider parce que je suis passée par où vous passez en ce moment. J'avais, moi aussi, un spectre, mais je l'appelais d'un autre nom. Je l'appelais cafard, simplement. Nous avons eu de durs combats, lui et moi.

SHANNON

Que vous avez gagnés, évidemment.

HANNAH

Je ne pouvais pas me permettre de perdre !

SHANNON

Comment avez-vous vaincu votre cafard ?

HANNAH

Vous savez, les spectres et les cafards ne brillent pas par l'intelligence. Avec eux, tous les trucs sont bons, pourvu qu'on les emploie avec persévérance. Le mien, je lui ai fait croire que je me passionnais pour la peinture. Quand j'étais en train de peindre, il était intimidé et me laissait un peu tranquille. Et savez-vous ce qui est arrivé ? C'est que je me suis vraiment passionnée pour la peinture.

(Elle s'aperçoit que Shannon ne l'écoute pas. Il regarde fixement devant lui. C'est un genre de distraction concentrée qui donne à son visage une expression de folie.
Hannah le regarde avec inquiétude.)

Beaucoup de gens voyagent dans l'espoir de fausser compagnie à leurs spectres, mais c'est un mauvais calcul. Voyager sans aucune obligation professionnelle, c'est se rendre justement disponible pour les pires entreprises des spectres. Je l'ai observé cent fois. Vous ne m'écoutez pas, n'est-ce pas ?

SHANNON, *d'une voix blanche qui ne répond pas à Hannah.*

Le spectre est dans la forêt tropicale. *(Tout à coup, il lance violemment la coque de sa noix de coco loin de la véranda.)* Bien visé. Il l'a pris en plein dans les mandibules et ses dents ont sauté comme des grains de maïs qui éclatent dans le feu.

HANNAH, *avec douceur.*

Tant mieux. Vous voilà débarrassé.

SHANNON

Ce n'est pas si facile. Un spectre édenté est toujours un spectre. Demain matin, quand j'appellerai pour mon petit déjeuner, c'est lui qui me répondra d'abord, avec un petit ricanement que je connais bien.

HANNAH

Si vous vous réveillez avant que je sois sortie, c'est moi qui vous apporterai le café.

SHANNON

Mais non, vous serez partie.

HANNAH

Qui sait ? Il se peut que demain je trouve quelque chose pour apaiser la veuve.

SHANNON

La veuve est implacable, ma belle.

HANNAH

Je trouverai quelque chose parce qu'il le faut. Je ne peux pas laisser emmener Nonno à la *Casa de Huespedes*, monsieur Shannon, pas plus que je ne vous laisserais aller en Chine à la nage.

SHANNON, *lui imposant silence de la main.*

Vous entendez ?

HANNAH

Non.

SHANNON

Mais si, en bas, des voix de femmes. On a retrouvé son cadavre !

(Il s'appuie contre un pilier.)

HANNAH

Mais non, quelle idée !

(Elle court à l'entrée du chemin.)

SHANNON

Elle s'est tuée. À cause de moi. Pour moi.

HANNAH, *regardant vers le bas.*

Tout est silencieux. Je ne vois que Miss Fellowes qui fait les cent pas près du car. Ah ! Il y a aussi Hank, le chauffeur. Il prend le chemin pour monter ici.

SHANNON

Qu'est-ce que je vous disais ? Il vient m'annoncer la mort de Charlotte. Je le savais, je l'ai senti, là. *(Il se frappe la poitrine.)* Quelque chose m'a tout à coup averti de ce qui s'était passé.

HANNAH, *revenue sur la véranda.*

Calmez-vous, monsieur Shannon. Ne soyez pas comme une loque en face du chauffeur.

SHANNON, *pour lui-même.*

Mon Dieu... je suis... Mon Dieu...

(Hank arrive en bas des marches.)

HANK

Je vous dérange pas ?

SHANNON

Hank, elle s'est tuée, n'est-ce pas ?

HANK, *placide.*

J'sais pas. À la plage, à la guinguette, personne qui l'a vue. Alors, va savoir. Et toi, Larry, comment que tu te sens ? On peut te dire un mot ?

SHANNON

Vas-y.

HANK

C'est rapport à ce gros mollusque de Jacke Latta. Tantôt i décide qu'on reste en plan, tantôt i décide qu'on part, mais alors, y a la moitié des bonnes femmes qui s'opposent. Latta, i sait pas leur parler, il a pas la manière. Alors ce que je vois venir, c'est qu'on va passer toute la nuit à palabrer autour du car.

SHANNON

C'est ce qui te pend au nez, en effet.

HANK

Toi, Larry, tu vas me dire que t'es plus dans le coup, c'est d'accord. N'empêche que pour moi, t'es quand même Larry et que ton avis, ça compte d'abord.

SHANNON, *son visage s'éclaire.*

Vrai, Hank ? Ah ! Tu me fais du bien.

HANK

Alors, à ton idée, qu'est-ce qu'il faut faire ?

SHANNON, *presque revigoré.*

D'abord téléphoner à l'hôtel de Puerto Barrio que par suite d'un accident survenu à une personne du groupe, la réservation ne tient pas pour ce soir. Ensuite, faire coucher tout le monde ici et établir un tour de garde dans le cas, malheureusement improbable, où Charlotte reviendrait. La consigne serait alors de l'empêcher de venir me trouver dans mon lit.

HANK

Vu. Maintenant que je sais quoi faire, je vais prendre mon Latta entre quat-z-yeux. Je finirai bien par y faire entrer dans le crâne, à c'te grosse chiffe.

(Il sort et Shannon le suit d'un regard nostalgique.)

SHANNON, *après un soupir et d'une voix traînante.*

Miss Jelkes.

HANNAH

Oui ?

SHANNON

Comment avez-vous retrouvé votre équilibre définitif après avoir craqué ?

HANNAH

Je n'ai jamais craqué. Je n'en avais pas le droit. Oh ! Il s'en est fallu de peu. Autrefois, monsieur Shannon, j'étais jeune, mais j'étais de ces personnes qui n'ont pas de jeunesse et ne pas avoir de jeunesse quand on est jeune est naturellement très troublant. Ma vraie chance a été d'avoir un grand-père très âgé. J'ai fait pour lui ce que je n'aurais peut-être pas fait pour moi.

SHANNON

Oui, c'est un gros atout d'avoir des responsabilités. Mais moi aussi, j'avais des responsabilités et vous voyez...

HANNAH

Ce n'étaient que des responsabilités professionnelles. Les miennes étaient d'un ordre bien différent.

SHANNON

C'est juste.

HANNAH

Mais savez-vous ce qui m'a vraiment sauvée, alors que j'étais sur le point de craquer, comme vous dites ?

SHANNON

Non.

HANNAH

Je me trouvais à Shanghai et il y a là-bas un endroit qu'on appelle la maison des mourants, une maison réservée aux vieillards sans le sou, que leurs enfants, également sans le sou, amènent là pour mourir sur des grabats. La première fois que j'y suis allée, le choc a été si rude que j'ai pris la fuite, mais j'y suis revenue et j'ai vu que les parents et les gardiens de l'endroit avaient placé quelques petits réconforts auprès de leurs paillasses, de petites fleurs, des bonbons à l'opium, des insignes religieux. Je me suis mise à peindre leurs faces de moribonds. Quelquefois leurs yeux seuls demeuraient vivants dans leurs visages figés et ces yeux qu'ils levaient vers moi, ces yeux où brillait une dernière lueur de vie étaient clairs comme les étoiles de la Croix du Sud. Et vous allez dire que je parle comme la petite fille d'un vieux poète romantique de deuxième ordre, mais rien de tout ce que j'ai vu au monde ne m'a paru aussi beau, pas même cette véranda entre le ciel et les eaux mortes de la plage. *(D'une voix altérée :)* Dernièrement, tout dernièrement, mon grand-père a levé sur moi des yeux où j'ai reconnu la même clarté. *(De sa voix habituelle :)* Dites-moi, quel est ce bruit, au-dessous ?

SHANNON

Il y a un ensemble de marimbas à la guinguette de la plage.

HANNAH

Non, pas ça, je veux dire ce bruit de piétinement sous la véranda. De grattement.

SHANNON

Les deux garçons mexicains de l'hôtel ont attrapé un iguane qu'ils ont attaché à un pilier, sous la véranda, et lui, de toutes ses forces, il essaie de se libérer. Il tire sur sa corde et une corde qui vous tient prisonnier, ce n'est jamais bien long. En dehors de vos voyages et de vos aquarelles, avez-vous une vie personnelle ?

HANNAH

Mon grand-père et moi vivons l'un pour l'autre et à nous deux, nous sommes un foyer. Il va sans dire que pour moi un foyer n'est pas une maison en brique ou en pierre ni même un lieu. C'est une communauté d'esprit, de sentiments, où chacun peut se nicher, se reposer, trouver la tendresse, la confiance, le calme, l'inquiétude aussi.

SHANNON

Vous n'avez pas répondu à ma question, mais sans doute à celle que vous vous posez le plus habituellement.

HANNAH

Vous m'avez interrogé sur ma vie personnelle, n'est-ce pas ?

SHANNON

Bon. Mais quand un oiseau construit son nid pour se nicher et se reposer, il a tout de même une pensée pour la permanence relative de son emplacement et la reproduction de son espèce.

HANNAH

Je dirai donc, monsieur Shannon, que je ne suis pas un oiseau. Je suis un être humain et c'est le privilège de l'humaine espèce de pouvoir construire un foyer comme le mien, sans aucun égard à la permanence de son emplacement.

SHANNON

Et quand le vieux gentilhomme partira ?

HANNAH

Oui ?

SHANNON

Que ferez-vous ? vous arrêterez-vous ?

HANNAH

Je m'arrêterai ou je continuerai... Je continuerai probablement.

SHANNON

Seule ? Vous habiterez seule dans les hôtels, vous mangerez à des tables de personne seule, dans un coin, ces tables que les garçons appellent des as. Et seule dans les trains, seule dans les cars, toujours seule. Pensez-y.

HANNAH

Je vous remercie de votre compassion, monsieur Shannon, mais il ne manque pas de gens qui passent leur vie à voyager seuls. Vous, par exemple.

SHANNON

J'ai toujours voyagé dans des avions pleins, dans des trains et des autocars bondés de touristes.

HANNAH

Ce qui n'empêche pas que vous soyez réellement seul.

SHANNON

Je ne manque jamais d'avoir un contact intime avec quelqu'un du groupe.

HANNAH

Oui, avec la plus jeune des jeunes filles. Cet après-midi, sans le vouloir, j'ai assisté à votre entrevue avec la dernière en date. J'ai pu constater ce qui restait du contact intime que vous aviez eu avec elle. Ce n'était même pas des cendres tièdes, mais des cendres froides. Il n'y a pas eu de votre part la plus petite marque d'intérêt pour l'inquiétude et la situation où se débattait cette jeune personne. Je n'ai senti que votre agacement et votre mépris. En vérité, vous étiez infiniment plus seul que Charlotte ne l'était elle-même, mon pauvre Shannon.

SHANNON

Je vous remercie de votre compassion, Miss Jelkes, mais vous ne direz jamais assez combien j'ai été coupable. *(Il recommence à être agité.)* En fait, je l'ai poussée au suicide ! Je l'ai assassinée !

HANNAH

Shannon, je vous en supplie, restez tranquille et ne dites pas de sottises !

SHANNON

Je vous dis que je l'ai tuée. Ah ! Il ne me manquait plus que d'être un assassin.

HANNAH

Vous êtes un âne ! Je n'aurais jamais dû vous parler de cette gamine qui est d'ailleurs bien vivante, à n'en pas douter. Je suis sotte, je devrais penser que vous êtes à l'affût de toutes les occasions de vous crucifier. Allons, étendez-vous dans le hamac.

SHANNON

Ah ! Mon Dieu... *(Il passe sa main sur son front.)* Mon Dieu... Vous admettez que je me suis conduit avec elle comme un mufle ?

HANNAH

Eh bien, oui. Ce qui est, il faut le dire, le vrai moyen de ne pas s'égarer. Vous vous êtes conduit avec elle comme un mufle et un égoïste. Je ne pense pas qu'il puisse en aller autrement pour un homme qui a choisi de vivre pour le plaisir.

SHANNON

Mais je n'ai pas choisi... Non, vous ne pouvez pas comprendre.

HANNAH

Pourquoi ?

SHANNON

Il vous manque de savoir... mais je m'arrête... Je me laisserais aller à vous poser une question indiscrète.

HANNAH

Posez-la. Il n'y a pas ici, ce soir, de limite déterminée aux questions.

SHANNON

Et pas de limite déterminée aux réponses ?

HANNAH

Entre vous et moi, non.

SHANNON

Je vous prends au mot.

HANNAH

Prenez-moi au mot. Mais étendez-vous dans le hamac et buvez cette fois une tasse de thé au pavot.

SHANNON

Bon. Voici ma question. Avez-vous jamais eu au cours de votre existence une ou plusieurs expériences amoureuses ? *(Hannah se raidit.)* Vous avez dit : « Pas de limite déterminée aux questions. »

HANNAH

Nous allons faire un marché. Je répondrai après que vous aurez bu cette tasse de thé au pavot qui vous procurera la bonne nuit de sommeil dont vous avez tant besoin. Buvez tout, tout !

SHANNON, *avec une grimace, après avoir bu.*

Fantôme du grand César ! *(Il jette la tasse hors de la véranda et s'étend dans le hamac.)* Asseyez-vous là où je puisse vous voir. Près, près, plus près. Voilà. Et maintenant, s'il vous plaît, répondez.

HANNAH

Eh bien, j'ai eu deux expériences, il serait plus vrai de dire deux rencontres...

SHANNON

Avez-vous dit deux ?

HANNAH

J'ai dit deux. Oh ! n'attendez rien d'émoustillant. Je vous ai dit que j'ai été jeune sans avoir de jeunesse, ce qui n'est pas très prometteur. Quand j'avais seize ans, votre âge favori, monsieur Shannon, mon grand-père m'allouait, pour mes travaux de secrétaire et de ménagère, trente cents chaque samedi, ce qui me permettait d'aller à la matinée du cinéma de Nantucket. Un jour, est venu s'asseoir auprès de moi un jeune homme qui a poussé son genou contre le mien et j'ai aussitôt décroché de deux fauteuils, mais il m'a suivie et, de nouveau, j'ai senti la pression de son genou. Alors, monsieur Shannon, j'ai bondi hors de mon siège et poussé des cris si perçants qu'il a été arrêté pour avoir molesté une mineure.

SHANNON

Est-il encore en prison à Nantucket ?

HANNAH

Non, je l'en ai fait sortir le jour même en déclarant à la police que j'avais été surexcitée par un film de Clara Bow, et c'était un film de Clara Bow.

SHANNON

Fantastique !

HANNAH

Oui, vraiment ! La seconde expérience est beaucoup plus récente. Il y a deux ans, à l'hôtel *Raffles*, à Singapour, Nonno et moi avons rencontré un voyageur de commerce australien, un homme dans les quarante-cinq ans, gentil, affable et très timide. Après m'avoir acheté deux aquarelles et comme grand-père venait de se coucher, il m'a proposé une promenade en sampan, que j'ai acceptée. Mais oui, j'ai accepté. Nous sommes donc sortis en sampan et à mesure que se poursuivait la promenade, l'homme paraissait de plus en plus...

SHANNON

Quoi ?

HANNAH

De plus en plus agité. Nous étions assis face à face dans le sampan. Tout à coup, il s'est penché vers moi, il m'a regardée dans les yeux intensément, passionnément et il m'a dit : « Miss Jelkes, voulez-vous me faire plaisir ? » J'ai demandé de quoi il s'agissait. « Eh bien, m'a-t-il dit, si je tourne le dos, si je regarde de l'autre côté, voudriez-vous retirer l'un quelconque de vos dessous et me laisser le tenir, juste le tenir ? »

SHANNON

Qu'avez-vous fait ?

HANNAH

Je lui ai donné ce qu'il demandait. À mon tour, j'ai tourné le dos et c'est alors qu'il a ajouté d'une voix humble : « Ça ne prendra que quelques secondes. »

SHANNON

Fantastique !

HANNAH

Quelques secondes pour quoi, je ne le lui ai pas demandé et je n'ai pas eu non plus l'indiscrétion de jeter un coup d'œil en arrière. Voilà, monsieur Shannon.

SHANNON

Et cette expérience... vous l'appelez une...

HANNAH

Une expérience amoureuse, oui, c'est le nom que je lui donne.

(Il la regarde avec incrédulité, scrutant son visage de très près.)

SHANNON

Il faut bien vous croire.

HANNAH

Je lis dans votre regard une infinie compassion. Vous me plaignez de n'avoir pas accès au monde ébloui et brûlant des plaisirs de l'amour. L'idée ne vous est jamais venue que celui de la chasteté est peut-être moins limité que l'autre et qu'on y est à coup sûr beaucoup plus libre ? Pensez-y, monsieur Shannon. C'est un sujet de méditation qui n'est pas indigne d'un docteur en théologie.

SHANNON

Non, Miss Jelkes, je ne vous plains pas. Je sais — et je l'ai su dès la première seconde où vous m'êtes apparue sur cette véranda — que vous vivez dans un monde infiniment plus lucide et plus aéré que n'est le mien. Mais pourquoi avez-vous donné à cet homme ce qu'il demandait ?

HANNAH

Pourquoi le lui aurais-je refusé ?

SHANNON

Voulez-vous dire que l'homme vous a paru assez méprisable pour que sa prière ne mérite même pas de poser un problème ?

HANNAH

Je ne l'ai pas trouvé méprisable. Je suis d'ailleurs bien incapable de mépriser qui que ce soit. Il m'arrive seulement d'avoir le cœur serré en face d'une grande misère, par exemple celle de cet homme-là.

SHANNON

Vous êtes...

HANNAH, *riant.*

Je suis quoi ? « Fantastique » ?

(La voix de Nonno, qui pendant leur conversation s'est parfois fait entendre marmonnant, devient soudain forte et claire.)

NONNO, *récitant.*

Las de poursuivre un rêve autour des océans
Las de descendre au fond des abîmes béants
Le poète... le poète...

(La voix baisse et fait place à un marmottement.

Shannon, debout derrière Hannah, lui entoure le cou de ses deux mains.)

HANNAH

Pourquoi faites-vous ça ? Allez-vous m'étrangler ?

SHANNON

Vous ne supportez pas qu'on vous touche ?

HANNAH

Réservez plutôt ces attentions à Mme Faulk.

SHANNON

Pardonnez-moi, c'était un geste tout amical. J'étais en train de me demander...

HANNAH

De vous demander ?

SHANNON

Si nous ne pourrions pas voyager ensemble. Je veux dire simplement voyager ensemble.

HANNAH, *émue.*

Croyez-vous que ce soit possible ?

SHANNON

Je ne vois pas pourquoi ce serait impossible.

HANNAH

Vous en jugerez plus clairement demain matin, monsieur Shannon.

SHANNON

Demain, il sera trop tard. Demain matin, vous partez pour la *Casa de Huespedes*. Et moi... moi, je serai sur la plage à attendre que la mer rejette un cadavre. *(Il montre des signes d'agitation.)* Un cadavre. Le cadavre de ma victime ! Avez-vous déjà vu un corps qui a séjourné dans l'eau... les chairs boursouflées...

HANNAH, *lui coupant la parole.*

J'ai déjà vu. C'est affreux. Mais il n'y aura pas de cadavre. Votre victime, c'est moi qui la croiserai demain sur la place centrale de Puerto Barrio.

SHANNON

Non.

HANNAH

Vous tenez beaucoup à ce que cette petite se soit tuée pour vos beaux yeux.

SHANNON

Tenez, si elle revient vivante, je fais le serment de finir ma vie ici, à l'hôtel de *La Costa Verde*. Je suis possédé du démon et puisqu'on ne brûle plus les possédés, que je sois du moins retiré de la circulation.

HANNAH

Si Charlotte s'est tuée, vous aurez encore plus de raisons de vous retirer de la circulation. Autant dire que vous avez choisi de vivre avec Mme Faulk. Il est donc bien inutile de vous demander si nous voyagerons ensemble.

SHANNON

Mais vous ne comprenez pas que je suis fini auprès des agences de voyages comme je suis fini dans une église ! Fini le voyageur, fini le pasteur, fini, fini, fini ! Tenez, prenez ça... *(Il prend sa croix d'or dans sa poche.)* Prenez ma croix d'or et mettez-la au clou.

HANNAH

Mais qu'est-ce que vous faites ?

SHANNON

Il y a dessus une belle améthyste qui paiera vos frais de retour aux États-Unis.

HANNAH

Monsieur Shannon, vous déraisonnez !

SHANNON

Je vous dis qu'il n'y a plus de révérend Shannon, plus de pasteur.

NONNO, *de sa cellule.*

Hannah !

HANNAH, *accourant à la porte de la cellule.*

Oui, qu'est-ce qu'il y a, Nonno ?

NONNO, *qui n'a pas entendu.*

Hannah !

HANNAH

Je suis ici, je suis ici !

NONNO

N'entre pas encore, mais reste là où je puisse t'appeler.

HANNAH

Oui, je t'entendrai, Nonno !

(Elle se retourne vers Shannon avec un soupir.)

SHANNON

Écoutez, si vous ne prenez pas cette croix d'or que je ne veux plus jamais porter, je la jette au spectre, dans la forêt, loin de la véranda.

(Il lève un bras pour la jeter, mais elle l'arrête.)

HANNAH

Bon. Je la prends, monsieur Shannon. Je la garderai pour vous.

SHANNON

Mettez-la au clou, Hannah, il le faut.

HANNAH

Eh bien, si je la mets au clou, je vous enverrai le bulletin de dépôt. Et maintenant, il faut que je fasse les bagages pour demain. Je n'ai jamais été aussi fatiguée. Qu'est-ce qui fait ce bruit de lutte sous la véranda ?

SHANNON

Je vous l'ai dit.

HANNAH

Je ne vous ai pas entendu.

SHANNON

Je vais chercher ma lampe électrique pour vous le montrer. *(Il court à sa cellule et en rapporte la lampe électrique.)* C'est un iguane. Il tire sur la corde qui le tient attaché. Il essaie d'aller plus loin que le bout de sa corde. Comme vous. Comme moi. Comme votre grand-père.

HANNAH

Qu'est-ce au juste qu'un iguane ?

SHANNON

Un genre de lézard, un lézard géant. Ce sont les garçons mexicains de l'hôtel qui l'ont attrapé.

HANNAH

Mais pourquoi l'avoir attaché ?

SHANNON

Pour l'engraisser et pour le manger. C'est une friandise. La chair de l'iguane a le goût du blanc de poulet, s'il faut en croire les Mexicains. Et puis, les gosses du pays s'amusent beaucoup avec les iguanes. Ils leur crèvent les yeux, ils mettent le feu à leur queue. C'est ce qu'on appelle joindre l'utile à l'agréable.

HANNAH

Monsieur Shannon, je vous en prie, descendez et libérez-le en coupant la corde.

SHANNON

Mme Faulk veut le manger. Il faut que je fasse plaisir à Mme Faulk. Vous savez bien que je suis à sa merci.

HANNAH

Comment peut-on manger un lézard ?... Un lézard...

SHANNON

Si vous étiez affamée, vous le mangeriez aussi. Vous seriez surprise de savoir ce que les gens arrivent à manger quand ils ont faim. Dans une région tropicale d'un autre continent, j'ai vu deux indigènes squelettiques, un chiffon crasseux couvrant à peine leur nudité, ramper sur un innommable monticule, je dis bien : innommable, et y chercher leur nourriture.

(Hannah prend la lampe électrique, descend les marches et disparaît sous la véranda.)

SHANNON, *parlant seul.*

Le spectacle n'était pas nouveau pour moi, mais, ce jour-là, il m'avertissait de ma propre déchéance que j'ai tout à coup sentie en moi comme un mal insidieux, déjà installé. Pourquoi et comment un homme en vient-il à dégringoler la pente ? Je suis parfois tenté de me dire, que dans mon cas, tout vient de cette paroisse trop cossue de Pleasant Valley. Et il est vrai qu'un pasteur qui accepte de s'adapter à une telle communauté de repus hypocrites ne peut pas être un homme de Dieu. Si j'avais eu au départ une paroisse de pauvres gens, je me serais dévoué de toutes mes forces à mon ministère. Mais je me connais, j'aurais aimé, respecté mes paroissiens, et je me serais arrangé pour coucher avec les filles de l'évêque. Le diable était en moi. Ce qui aurait pu me sauver, c'était la lucidité, la claire vue et la sagesse d'une certaine Miss Femme-Bouddha, qui a d'autres chats à fouetter. Elle aura tout de même été ma dernière chance sur le chemin qui m'a mené à l'engrais, dans cet hôtel de *La Costa Verde* où je finirai ma vie aux crochets de la patronne.

HANNAH, *d'au-dessous de la véranda.*

Vous parlez tout seul ?

SHANNON

Non, je vous parlais. Je savais que vous pouviez m'entendre d'en bas, mais le simple fait de ne pas vous voir me permettait de dire les choses plus facilement.

NONNO, *de sa cellule.*

Le siècle creuse un trou dans la nuit de son âme
De son rêve étoilé il a rongé la trame.

HANNAH, *revenant sur la véranda.*

J'ai regardé l'iguane de très près.

SHANNON

Ah oui ? Comment le trouvez-vous ? Attrayant ?

HANNAH

Non, ce n'est pas une créature attrayante, mais je pense qu'il devrait être mis en liberté. Voulez-vous, s'il vous plaît, couper la corde qui le retient ? Si vous ne le faites pas, je le ferai.

SHANNON

La veuve Faulk ne vous le pardonnerait pas. J'y vais.

HANNAH

Merci.

(Machette au poing, Shannon descend les marches et disparaît sous la véranda.)

NONNO

Hannah ! Hannah !

(Elle court vers Nonno qui se véhicule lui-même dans sa chaise roulante, passant ainsi de sa cellule à la véranda.)

HANNAH

Grand-père, qu'est-ce que c'est ?

NONNO

Je... crois... qu'il est... fini ! Vite avant que je l'oublie, un crayon, du papier, vite ! Hannah ! Es-tu prête ?

HANNAH

Je suis prête, grand-père.

NONNO, *avec exaltation.*

Les doigts de votre main...
Non, ce n'est pas celui-là. Attends.
L'amour est une chanson brève...
Non plus, ce n'est pas ça. Ce n'est pas ça ! Attends... Ah ! Tout s'embrouille dans ma tête ! Je ne retrouve rien ! Rien !

HANNAH

Calme-toi, grand-père. Ton poème va te revenir. L'essentiel est que tu l'aies terminé.

NONNO

Tais-toi. Ne me parle pas. Laisse-moi seul. Oui, je vais le retrouver. Laisse-moi.

(Les lèvres du vieillard remuent en silence. Hannah s'éloigne et va vers Shannon qui sort de sous la terrasse, tenant un bout de corde d'une main et de l'autre la machette.)

SHANNON

Alors ? Le poème ? J'ai entendu...

HANNAH

Le poème est terminé, mais il ne s'en souvient plus.

SHANNON

Ce n'est qu'un trou de mémoire.

HANNAH, *s'essuyant les yeux.*

Il doit être si malheureux.

(Latta débouche du chemin et monte les marches de la terrasse.)

SHANNON, *à Latta.*

Elle est morte hein ?

LATTA

Bien sûr qu'elle est morte !

SHANNON

Et tu as tenu à le dire toi-même. Tu viens me le flanquer à la figure, tu viens...

LATTA

Qu'est-ce qui te prend ? Ma parole, tu t'imagines que tu comptes encore !

HANNAH

Pourquoi avez-vous dit : « Bien sûr qu'elle est morte ! »

LATTA

J'dis qu'elle est morte parce que j'crois pas qu'ça puisse être autrement. Si elle était vivante, elle s'rait quelque part, oui ? Sacré Larry ! On n'a pas idée non plus d'arranger une mineure qui vous est confiée. En dehors du travail, si vous mettez la main sur un sujet de seize ans, là, c'est d'accord. Pas vu, pas pris, adieu poupée et à la prochaine. C'est pas vrai, c'que je dis ?

HANNAH

La voix de votre conscience a des modulations inattendues.

LATTA

Vous en faites pas. Ma conscience, elle est à jour. J'ai la prétention de savoir diriger mon groupe et pour commencer j'ai décidé que tout le monde passait la nuit ici, chez

Maxine. Tel que vous me voyez, je viens téléphoner à l'hôtel de Puerto Barrio que la réservation ne tient pas pour ce soir. Tu vois, Larry, c'est ça, diriger un groupe.

SHANNON

Je vois, je vois. Compliments, Latta. Les voyages Blake ont enfin trouvé une tête pensante.

(On entend, venant de derrière la maison, le bruit d'une dispute entre Maxine et les garçons mexicains en langue espagnole.
Au bruit de la dispute, Hannah, Shannon et Latta ont tourné la tête. Ils voient s'avancer sur la véranda Charlotte, venue de derrière l'hôtel. Shannon, après un coup d'œil, regarde ailleurs, indifférent.)

LATTA

Ça alors ! Où c'est qu'vous étiez passée ?

CHARLOTTE

J'ai fait une balade au clair de lune.

HANNAH

Monsieur Latta, je pense que vous devriez appeler Miss Fellowes sans tarder.

(Latta se précipite vers le chemin.)

HANNAH, *à Charlotte.*

C'est ce que vous vouliez, n'est-ce pas ?

(Elle se dirige vers Nonno.)

CHARLOTTE

Oui... Mais comment...

LATTA, *écartant les buissons.*

Miss Fellowes ! Miss Fellowes ! Amenez-vous !... Oui ! Moi je descends donner des ordres !

(Il disparaît.)

CHARLOTTE

Larry, vous ne me demandez pas ce que j'ai fait ?

SHANNON

Je ne suis ni très pressé ni très curieux de l'apprendre. Ce que vous avez fait n'aura eu d'importance que dans la mesure où vous avez retardé le départ de vos compagnes qui doivent tomber de sommeil, mais ceci n'est plus mon affaire.

HANNAH, *à Nonno.*

Nonno, ne cherche plus ! Demain...

NONNO

Non ! Pas demain ! Je veux le retrouver ce soir !

HANNAH

Tu vas te fatiguer...

NONNO

Laisse-moi. Ne dis rien ! Ne reste pas là !

(Hannah se retire dans sa cellule.
Miss Fellowes débouche du chemin en courant. En même temps, Maxine, venant de derrière l'hôtel, fait quelques pas sur la véranda. Derrière elle, au coin de la maison, les deux garçons mexicains, chacun à son tour, avancent le buste pour regarder.)

MISS FELLOWES, *montant sur la véranda.*

Charlotte ! Où étiez-vous ?

CHARLOTTE

Je suis sortie en camionnette avec les deux garçons mexicains... Oui, les deux garçons de l'hôtel. Ils ont arrêté la camionnette dans un chemin en dehors de la route et comme il y avait un peu de fraîcheur après l'orage de la soirée, nous nous sommes déshabillés tous les trois.

MAXINE

Ha !

MISS FELLOWES

Déshabillés ? Pourquoi déshabillés ?

CHARLOTTE

Voyons, Judy, mais pour faire l'amour.

MISS FELLOWES

Oh !

MAXINE

Ha !

(Miss Fellowes cache son visage dans ses deux mains et Charlotte la regarde avec un sourire qui découvre toutes ses dents.)

MISS FELLOWES

Petite malheureuse ! *(Baissant la voix.)* Et si vous étiez enceinte ?

CHARLOTTE

Aucun danger. Avant de quitter Mexico, j'avais eu la précaution d'acheter une pochette de préservatifs dans un drugstore américain.

MAXINE

Ha !

MISS FELLOWES

Charlotte, donnez-moi cette pochette !

CHARLOTTE

Non, Judy, pas la pochette. Mais je veux bien vous en passer un ou deux si vous croyez en avoir l'usage.

MAXINE

Ha !

SHANNON

Assez d'insolences, Charlotte. Descendez à l'autocar ! Filez !

(Charlotte sort.
Shannon et Miss Fellowes la suivent du regard jusqu'au chemin.)

MISS FELLOWES

Shannon, aidez-moi.

SHANNON

À quoi, grands dieux ?

MISS FELLOWES

Après ce qui s'est passé, je n'ai plus aucune prise sur elle. Vous avez vu comment elle me traite. Alors, je crains qu'au cours de ce voyage il n'arrive le pire. Vous seul, Shannon, avez encore de l'autorité sur elle. C'est moi qui vous en prie, revenez parmi nous et conseillez-la jusqu'à notre arrivée au Texas.

MAXINE, *restée en arrière, elle vient à Shannon.*

Prends garde, Shannon, ne te laisse pas faire.

SHANNON

S'il te plaît, fiche-moi la paix.

MISS FELLOWES

Je vous en supplie, Shannon.

SHANNON

Vous oubliez, Miss Fellowes, que vous m'avez fait renvoyer des Voyages Blake. À quel titre voyagerais-je avec vous et qui me ferait manger ? Qui paierait ma chambre d'hôtel ? Vous oubliez également que si je remettais les pieds aux États-Unis, la police du Texas serait aussitôt à mes trousses grâce à votre dénonciation.

MISS FELLOWES

Il va de soi que je reviendrais sur ma déposition.

SHANNON

Je ne vous crois pas. Si j'avais le malheur de voyager dans le même autocar que Charlotte, vous recommenceriez à me haïr, si toutefois vous avez jamais cessé de le faire. Je regrette, Miss Fellowes, mais je ne peux rien pour vous. Adressez-vous à M. Latta.

MISS FELLOWES

Vous savez bien que cet homme est le pire des imbéciles.

SHANNON

J'aime à vous l'entendre dire. Et maintenant, Miss Fellowes, voulez-vous me faire plaisir ? Débarrassez le plancher de cette véranda. Je vous ai vraiment assez vue. *(On entend le klaxon de l'autocar.)* Vous entendez ? Le chauffeur s'impatiente.

MISS FELLOWES, *traversant la véranda et s'arrêtant aux marches.*

Vous êtes un mufle, Shannon, et un suborneur défroqué. Mais cet après-midi, j'ai envoyé au juge une lettre confirmant ma dénonciation téléphonique et signée par tous les membres du groupe.

MAXINE

Ha ! *(Nouveau coup de klaxon et Miss Fellowes, courant vers le sentier, sort.)* Shannon, sensationnel que tu étais. Ma parole, tu m'as impressionnée. Mais qu'est-ce que tu fabriques avec cette corde dans la main ?

SHANNON

J'ai rendu la liberté à une créature de Dieu qui était au bout de sa corde.

MAXINE, *indulgente.*

Pourquoi as-tu fait ça, Shannon ?

SHANNON

Le plaisir de rendre une créature de Dieu à la liberté... Un petit acte de grâce, Maxine.

MAXINE, *souriant.*

Shannon, j'ai à te parler.

SHANNON

De quoi qu'tu veux parler, veuve Faulk ?

MAXINE

Descendons nous baigner par ce clair de lune liquide.

SHANNON

Où as-tu ramassé cette expression poétique ?

MAXINE, *à Pedro qui s'est avancé à sa hauteur.*

Vamos. (Il sort.) Shannon, je veux que tu restes avec moi.

SHANNON

Il te faut un compagnon de beuverie ?

MAXINE

Non, je veux que tu restes parce que j'ai besoin de quelqu'un pour m'aider à diriger la maison. *(Hannah, dans sa cellule, allume une cigarette et son visage est éclairé par la flamme.)*

SHANNON, *pour lui-même.*

Que je regarde ce visage encore une fois. Je ne le reverrai pas.

MAXINE

Descendons à la plage.

SHANNON

Je peux descendre la colline, mais je ne pourrai pas la remonter.

MAXINE

Je te remonterai. *(Ils se dirigent vers l'entrée du chemin.)* J'ai encore cinq ans, peut-être dix, pour faire de cet hôtel un endroit attrayant pour la clientèle. Je te vois déjà faisant du charme avec les poupées.

(Petit rire de Shannon. Tous deux sortent.)

VOIX DE MAXINE, *à peine distincte.*

Donne-moi le bras.

(Hannah, qui a quitté sa cellule, entre dans celle de Nonno où elle prend un châle, laissant sa cigarette à l'intérieur.
Elle sort et fait une pause entre la porte et la chaise d'osier.)

HANNAH

Mon Dieu, ne pouvons-nous pas nous arrêter, maintenant ? Une bonne fois ? Ah ! Laissez-nous enfin nous arrêter. La nuit est si calme.

(Elle va poser le châle sur les épaules de Nonno, mais la tête du vieillard tombe de côté.
Elle essaie de le relever, mais il est mort.
Dans un moment de panique, Hannah tourne la tête de côté et d'autre.
Se voyant seule, elle penche sa tête et l'appuie contre celle de Nonno.
Voix des Allemands qui chantent Lili Marlen.*)*

RIDEAU

LE LONG SÉJOUR INTERROMPU
ou le dîner qui laisse à désirer

(THE LONG STAY CUT SHORT, OR THE UNSATISFACTORY SUPPER)

Traduction de Jacques Guicharnaud

PERSONNAGES

BABY DOLL
ARCHIE LEE
TANTE ROSE

Le rideau se lève sur le porche d'un cottage délabré et sur un coin du jardin attenant, à Blue Mountain, dans l'État du Mississippi. La couleur de la maison de bois est passée ; elle a pris une sorte de patine gris-vert que sillonnent, depuis le toit, de longues traînées sombres. Le dessin du bâtiment est bancal.

Derrière la maison, la coupole du ciel est tachée de rose par le soleil couchant ; c'est un ciel orageux, où le vent souffle avec un miaulement de chat.

Au second plan, vers le centre du jardin, un grand rosier, dont la beauté est quelque peu sinistre.

Une musique à la manière de Prokofiev accompagne le lever du rideau, et contribue à créer une atmosphère de lyrisme grotesque.

La porte métallique s'ouvre, avec des grincements de ressorts rouillés : ce qui fait cesser la musique.

Mme « Baby Doll » Bowman apparaît. C'est une femme indolente, aux formes amples, mais son ampleur n'est pas accueillante, et sa stupidité n'est pas sans inquiéter. Il y a quelque chose d'égyptien dans l'arrangement de sa chevelure noire et luisante, dans la robe de coton mauve qu'elle porte, dans ses lourds bijoux de cuivre. Archie Lee sort de la maison à sa suite. Il est en train de se sucer les dents. C'est un homme de forte taille, avec un visage maladif et blanchâtre, et une allure molle.

(Les répliques régulièrement rythmées du dialogue entre Baby Doll et Archie Lee peuvent se dire comme une sorte de mélopée, une sorte d'incantation grotesque, et l'ensemble peut se diviser en strophes et antistrophes par les mouvements d'allées et venues de Baby Doll sous le porche.)

ARCHIE LEE

Autrefois la vieille était capable de servir un repas à peu près convenable, mais ce n'est plus le cas maintenant. C'est de pire en pire ces derniers temps, ce qu'on mange dans cette maison.

BABY DOLL

Là-dessus tu as raison, Archie Lee, je ne peux pas dire le contraire.

ARCHIE LEE

Une bonne ratatouille de blettes est tout à fait satisfaisante quand on y met du porc salé et qu'on la laisse sur le feu jusqu'à ce que le tout soit tendre. Mais quand on vous jette ça sur une assiette, à moitié cru et sans assaisonnement, il n'y a même pas de quoi en faire de la pâtée pour les cochons.

BABY DOLL

C'est difficile de gâcher des blettes, mais la vieille s'est bien débrouillée pour les gâcher.

ARCHIE LEE

Comment elle s'est débrouillée pour y arriver ?

BABY DOLL, *lentement, et avec mépris.*

Eh bien, elles étaient sur la cuisinière depuis environ une heure. Elle m'a dit qu'elle croyait qu'elles étaient en train de bouillir. Je suis allée dans la cuisine. La cuisinière était froide comme une glacière. La vieille idiote avait oublié de faire un feu dedans. Alors je l'ai appelée. Je lui ai dit : « Tante Rose, je crois comprendre pourquoi les blettes ne bouillent pas. » Elle a dit : « Pourquoi est-ce qu'elles ne bouillent pas ? — Eh bien, je lui ai dit, ça tient peut-être à ce que la cuisinière n'est pas allumée ! »

ARCHIE LEE

Qu'est-ce qu'elle a dit à ça ?

BABY DOLL

Elle a simplement renversé la tête, et elle a rigolé. « Tiens, elle a dit, je croyais que ma cuisinière était allumée. Je croyais que mes blettes étaient en train de bouillir. » Avec elle, c'est toujours « mon » ou « ma ». Ma cuisinière, mes blettes, ma cuisine. Elle a pris possession de tout ce qu'il y a dans la maison.

ARCHIE LEE

Elle commence à avoir la folie des grandeurs. *(On entend un rire aigu et fluet à l'intérieur.)* Pourquoi est-ce qu'elle rigole comme ça ?

BABY DOLL

Est-ce que je sais, moi, pourquoi elle rigole ! Ça doit être pour montrer qu'elle est de bonne humeur.

ARCHIE LEE

Une chose comme ça peut tourner bougrement mal.

BABY DOLL

Ça me tape tellement sur les nerfs que je pourrais grimper au plafond et hurler. Et butée avec ça ! Elle est butée comme une mule.

ARCHIE LEE

On peut être buté et quand même savoir cuire des blettes.

BABY DOLL

Pas si on est buté au point de refuser de regarder dans une cuisinière pour voir si elle est allumée.

ARCHIE LEE

Pourquoi tu n'empêches pas la vieille d'entrer dans la cuisine ?

BABY DOLL

Paie-moi une négresse, et j'empêcherai la vieille d'entrer dans la cuisine.

(La porte métallique s'ouvre en grinçant, et tante Rose paraît sous le porche. Elle est tout essoufflée d'avoir fait le trajet de la cuisine au porche, et elle s'appuie à une des colonnes du porche en reprenant haleine. C'est une vieille femme d'environ quatre-vingt-cinq ans, du type qui évoque un singe délicat à tête blanche. Elle porte une robe de calicot gris, qui est devenue trop large pour son corps rétréci. Sa poitrine est constamment en émoi, d'où son rire bébête. Les deux personnages qui sont déjà sous le porche ne semblent prêter aucune attention à elle, bien qu'elle fasse des signes de tête et sourie à l'un et à l'autre.)

TANTE ROSE

J'ai apporté mes ciseaux. Demain, c'est dimanche, et je ne peux pas supporter l'idée qu'il n'y ait pas de fleurs dans ma maison le dimanche. D'ailleurs, si nous ne cueillons pas les roses, le vent va tout simplement les emporter.

BABY DOLL, *elle bâille avec ostentation, tandis qu'Archie Lee suce bruyamment ses dents ; elle donne libre cours à son agacement.*

Tu ne vas pas t'arrêter de sucer tes dents ?

ARCHIE LEE

J'ai quelque chose de coincé entre mes dents, et je n'arrive pas à l'enlever.

BABY DOLL

Il y a quelque chose qu'on appelle un cure-dent, et qui est destiné à cet usage.

ARCHIE LEE

Je t'ai dit au petit déjeuner que nous n'avions pas de cure-dent. Je te l'ai répété au déjeuner, et je te l'ai répété au dîner. Est-ce qu'il faut qu'on l'imprime dans le journal pour que tu le croies ?

BABY DOLL

Il y a d'autres choses avec une pointe que les cure-dents.

TANTE ROSE, *avec animation.*

Archie Lee, mon petit ! *(Elle tire une bobine de fil de la poche gonflée de sa jupe.)* Vous coupez un bout de fil, et vous le faites glisser entre vos dents et si ça ne déloge pas le petit morceau, eh bien, rien d'autre n'y arrivera !

ARCHIE LEE, *il laisse tomber bruyamment sur le sol ses pieds qui reposaient sur la balustrade du porche.*

Écoutez-moi bien toutes les deux, je veux que toutes les deux vous entendiez ça : si j'ai envie de me sucer les dents, je m'en vais me sucer les dents !

TANTE ROSE

Mais oui, Archie Lee, continuez à sucer vos dents autant que vous en avez envie.

(Baby Doll, dégoûtée, grogne. Archie Lee remet ses pieds sur la balustrade et continue à sucer bruyamment ses dents.)

TANTE ROSE, *avec une hésitation.*

Archie Lee, mon petit, vous n'étiez pas très content de votre dîner. J'ai remarqué que vous avez laissé un tas de blettes dans votre assiette.

ARCHIE LEE

Je ne raffole pas des blettes.

TANTE ROSE

Ça me surprend de vous entendre dire ça.

ARCHIE LEE

Je ne vois pas pourquoi. Autant que je sache, je n'ai jamais fait de discours sur mon amour pour les blettes en votre présence, tante Rose.

TANTE ROSE

J'ai pourtant entendu quelqu'un dire...

ARCHIE LEE

Vous avez certainement entendu quelqu'un, un jour, quelque part, mais ça ne veut pas dire que c'était moi.

TANTE ROSE, *avec un rire nerveux.*

Baby Doll, qui est-ce donc qui raffole tellement des blettes ?

BABY DOLL, *lassée.*

Je ne sais pas qui raffole tellement des blettes, tante Rose.

TANTE ROSE

C'est dur, de se souvenir exactement de ce que les gens aiment ou n'aiment pas. Mais c'est facile, de faire la cuisine pour Archie Lee, oui, c'est facile. Jim, lui, c'est le genre qui se plaint, oh, mon Dieu, ce qu'il peut se plaindre ! Et la famille de Susie ! Ce qu'ils peuvent se plaindre ! Tous, l'un après l'autre, ils passent leur temps à se plaindre ! Ils se plaignent tellement que je meurs de nervosité et de découragement quand je fais la cuisine pour eux. Mais Archie Lee, lui, il prend tout ce qu'on lui donne, et il a l'air de bien aimer ça ! *(Elle touche la tête d'Archie Lee.)* Dieu vous bénisse, mon petit, parce que c'est tellement facile de faire la cuisine pour vous ! *(Archie Lee repousse brutalement sa chaise. Tante Rose rit nerveusement, et se met à fouiller dans sa vaste poche, à la recherche de ses ciseaux.)* Et maintenant, je vais descendre dans le jardin et cueillir quelques roses avant que le vent les emporte, parce que je ne peux pas supporter l'idée qu'il n'y ait pas de fleurs dans ma maison un dimanche. Et dès que c'est fait, je retourne dans ma cuisine allumer ma cuisinière pour vous faire des œufs Birmingham. Je ne veux pas que les hommes de ma famille soient mécontents de leur dîner. Non, je ne veux pas, je ne veux pas de ça !

(Elle descend les marches, et s'arrête pour reprendre son souffle.)

ARCHIE LEE

Des œufs Birmingham, qu'est-ce que c'est ?

TANTE ROSE

Des œufs Birmingham, c'était le plat favori du papa de Baby Doll.

ARCHIE LEE

C'est pas ce que j'ai demandé.

TANTE ROSE, *comme si elle confiait un secret.*

Je vous dirai comment les faire.

ARCHIE LEE

Ça m'est bien égal, comment on les fait ; je veux simplement savoir ce que c'est.

TANTE ROSE, *logiquement.*

Mais, mon petit, je ne peux pas vous dire ce que c'est sans vous dire comment on les fait. Vous coupez des tranches de pain, dont vous enlevez le milieu. Vous mettez les tranches de pain dans une poêle avec du beurre. Et puis, dans le trou qui est au milieu de chaque tranche de pain, vous cassez un œuf, et vous mettez sur les œufs la mie de pain que vous aviez enlevée.

ARCHIE LEE, *ironiquement.*

Est-ce qu'il faut faire du feu dans la cuisinière ?

BABY DOLL

Non, on s'arrange pour oublier ça. C'est pour ça qu'on les appelle « œufs Birmingham », sans doute.

(Elle rit de son propre esprit.)

TANTE ROSE, *avec vivacité.*

C'est comme ça qu'on les appelle, on les appelle œufs Birmingham, et le papa de Baby Doll en était tout simplement fou. Quand le papa de Baby Doll n'était pas content de son dîner, il réclamait des œufs Birmingham, et il tapait des pieds jusqu'à ce que je les lui fasse ! *(Ce souvenir semble tant l'amuser qu'elle manque de tomber.)* Il tapait des pieds ! — jusqu'à ce que je les lui fasse !...

(Son rire s'éteint, et elle s'éloigne du porche en examinant ses ciseaux.)

BABY DOLL

La pauvre vieille est en train de perdre la tête.

ARCHIE LEE

Ça fait combien de temps qu'elle est avec nous ?

BABY DOLL

Elle est arrivée en octobre.

ARCHIE LEE

Non, c'était en août. Elle a rappliqué ici en août.

BABY DOLL

C'était en août ? Oui, c'est vrai, c'était en août.

ARCHIE LEE

Pourquoi est-ce qu'elle ne va pas pousser ses rigolades chez Susie, pendant quelque temps ?

BABY DOLL

Susie n'a pas de quoi la coucher.

ARCHIE LEE

Et chez Jim ?

BABY DOLL

Elle était chez Jim juste avant de venir ici, et la femme de Jim dit qu'elle l'a volée et c'est pour ça qu'elle est partie.

ARCHIE LEE

Elle ne l'a pas volée, je ne le crois pas. Tu crois qu'elle l'a volée ?

BABY DOLL

Elle ne l'a pas volée, je ne le crois pas. À mon avis, c'était simplement une excuse pour se débarrasser d'elle.

(Tante Rose est arrivée près du rosier. Un coup de vent manque de la renverser. Elle chancelle, et son équilibre précaire la fait rire.)

TANTE ROSE

Oh, doux Jésus ! Ha ! ha ! Oh ! Ha ! ha ! ha !

BABY DOLL

Tiens, chaque fois que je pose mon porte-monnaie quelque part, la vieille idiote le ramasse et elle vient me l'apporter sur la pointe des pieds en disant : « Comptez vos sous. »

ARCHIE LEE

Pourquoi est-ce qu'elle fait ça ?

BABY DOLL

Elle a peur que je l'accuse de voler, comme l'a fait la femme de Jim.

TANTE ROSE, *elle chante pour elle-même tout en tournant autour du rosier.*

« L'Éternel est mon rocher,
Ma forteresse et mon abri... »

ARCHIE LEE

Ton cousin qui a les dents qui avancent, Bunny, comme on l'appelle, est-ce qu'il n'est pas tombé sur un nouveau procédé pour utiliser les résidus du pétrole ?

BABY DOLL

Oui et non.

ARCHIE LEE

Cette réponse ne veut rien dire.

BABY DOLL

C'est que, tu connais Bunny. Il tombe sur quelque chose, il embarque avec lui quelques actionnaires, et puis tout part en fumée, et les actionnaires finissent tous au tribunal. Et il dit aussi que sa femme est en train d'avoir ses ennuis intimes.

ARCHIE LEE

Ils sont tous en train d'avoir des ennuis, parce que ce ne sont pas des génies, mais ils sont en tout cas assez malins pour savoir que la vieille va tomber en panne dans peu de temps, et il n'y en a pas un qui veut que ça arrive quand elle est chez eux.

BABY DOLL

Il serait difficile de mieux décrire la situation.

ARCHIE LEE

Et c'est moi qui ai la vieille sur les bras ?

BABY DOLL

Ne gueule pas.

ARCHIE LEE

C'est moi qu'on a délégué !

BABY DOLL

Ne gueule pas, ne gueule pas !

(On entend chanter faiblement tante Rose près du rosier.)

ARCHIE LEE

Eh bien alors, refile la vieille à quelqu'un d'autre.

BABY DOLL

Qui donc, Archie Lee ?

ARCHIE LEE

Am-stram-gram. C'est Gram le gagnant.

BABY DOLL

Qui est Gram ?

ARCHIE LEE

Pas moi !

(Tante Rose continue à tourner lentement et avec précaution autour du rosier, les ciseaux à la main. Elle chante pour elle-même. On entend alternativement des fragments de son cantique et le dialogue qui se poursuit sous le porche. Une pénombre bleue descend sur le jardin, mais, sur le rosier, la lumière demeure plus vive.)

ARCHIE LEE, *avec une sorte d'horreur sacrée.*

Il y en a, des comme elle, qui attrapent de ces maladies qui n'en finissent pas, et il faut leur donner de la morphine, et à ce qu'on me dit, la morphine, ça coûte son poids d'or.

BABY DOLL

Il y en a, des comme elle, qui durent et qui durent, en prenant de la morphine.

ARCHIE LEE

Des tonnes de morphine !

BABY DOLL

Oui, elles prennent des tonnes de morphine !

ARCHIE LEE

Tu imagines, si la vieille se casse la hanche, ou tout comme, et qu'il lui faille de la morphine ?

BABY DOLL

Il faudra bien, alors, que le reste de la famille y mette du sien et contribue...

ARCHIE LEE

Tu peux toujours essayer de tirer une pièce de dix sous de ton frère Jim ! Ou de Susie, de Tom ou de Bunny ! Il n'y a pas plus radin. Le bison qui est sur la pièce de cinq sous, ils trouvent le moyen d'en tirer du lait !

BABY DOLL

Ils ne sont pas si riches, alors ce qu'ils ont, ils ne le lâchent pas.

ARCHIE LEE

En tout cas, si ça arrive, si elle tombe en panne et nous meurt dans les mains, il vaut mieux que je te prévienne honnêtement tout de suite... *(Lourdement, il se penche vers ses pieds, et crache par-dessus la balustrade.)* Je la ferai brûler, je ferai mettre ses cendres dans une vieille bouteille de Coca-Cola... *(Il se laisse retomber dans son fauteuil.)*... à moins que vous autres, de la famille, vous ne crachiez le prix d'un cercueil ! *(Tante Rose a cueilli quelques roses. Maintenant, elle revient vers le porche sous lequel ils sont assis.)* La voilà qui revient. A toi de lui parler.

BABY DOLL

Pour lui dire quoi ?

ARCHIE LEE

Qu'elle a abusé de l'invitation.

TANTE ROSE, *encore assez loin.*

Mes enfants, il faut que je vous montre quelque chose.

ARCHIE LEE

Tu vas lui parler ?

TANTE ROSE

Mes enfants, il faut que je vous montre ces poèmes de la nature !

ARCHIE LEE

Ou est-ce que c'est moi qui dois lui parler ?

BABY DOLL

Tu te tais, et c'est moi qui lui parle.

ARCHIE LEE

Alors tu lui parles immédiatement, et fini de tourner autour du pot !

TANTE ROSE, *tout près du porche.*

Regardez, regardez donc, mes enfants, ce sont les poèmes de la nature !

(Mais les « enfants » regardent tante Rose, et non les fleurs, et ils regardent sans répondre à l'enthousiasme qui se lit sur son visage tout illuminé. Elle a un rire incertain, et se tourne vers Archie Lee pour un appel plus direct :)

Archie Lee, ça n'est pas vrai, que ce sont des poèmes de la nature ?

(Il grogne et se lève. En passant devant Baby Doll assise, il lui donne une bourrade, pour lui rappeler sa mission. Baby Doll s'éclaircit la voix.)

BABY DOLL, *mal à l'aise.*

Oui, ce sont des poèmes de la nature, tante Rose, il n'y a pas de doute, ce sont des poèmes de la nature. À propos, tante Rose, puisqu'on cause, venez donc un peu ici, que je vous parle.

(Tante Rose a commencé à s'éloigner du porche, comme si elle pressentait un danger. Elle s'arrête, le dos tourné au porche, et on lit sa peur sur son visage. C'est une peur familière, une peur qui est gravée dans ses os, mais qu'elle n'est jamais parvenue à supporter.)

TANTE ROSE

Qu'est-ce que c'est, mon petit ? *(Elle tourne lentement.)* Je sais bien, mes enfants, qu'il y a quelque chose qui vous embête. Je n'ai pas besoin d'une romanichelle avec ses cartes pour deviner ça. Il y a quelque chose qui vous embête, toi et Archie Lee. Je me dis que tous les deux, vous n'êtes pas contents de votre dîner. Ça n'est pas vrai, Baby Doll ? Les blettes n'avaient pas bouilli assez longtemps. Tu crois que je ne m'en rends pas compte ? *(Elle regarde le visage de Baby Doll, puis le dos d'Archie Lee, avec un rire hésitant.)* Je me suis joué un tour avec ma cuisinière, je croyais que je l'avais allumée, et pendant tout ce temps-là, elle était...

BABY DOLL

Tante Rose, asseyez-vous donc, qu'on puisse causer à l'aise.

TANTE ROSE, *avec une pointe d'hystérie.*

Je ne veux pas m'asseoir, je ne veux pas m'asseoir, je peux très bien causer debout ! Je vous le dis, s'asseoir et se lever, c'est si fatigant, ça n'en vaut pas la peine ! Alors, qu'est-ce qu'il y a, mon petit ? Dès que j'aurai mis ces roses dans l'eau, je vais allumer ma cuisinière et je vais faire pour vous, mes enfants, des œufs Birmingham ; Archie Lee, mon petit, vous m'entendez ?

ARCHIE LEE, *brutalement, toujours le dos tourné.*

Je ne veux pas d'œufs Birmingham.

BABY DOLL

Il ne veut pas d'œufs Birmingham, et moi non plus. Mais puisqu'on cause, tante Rose... eh bien... Archie Lee se demandait, et moi aussi je me demandais...

TANTE ROSE

Quoi donc, Baby Doll ?

BABY DOLL

Eh bien, si vous aviez fait des... des projets.

TANTE ROSE

Des projets ?

BABY DOLL

Oui, des projets.

TANTE ROSE

Quel genre de projets, Baby Doll ?

BABY DOLL

Eh bien, des projets d'avenir, tante Rose.

TANTE ROSE

Oh ! L'avenir ! Non... non, quand une vieille fille approche de la centaine, l'avenir ne semble pas demander qu'on fasse beaucoup de projets, mon petit. Souvent, je me suis posé la question, mais je n'ai jamais douté... *(Sa voix s'éteint, on entend quelques accords de musique tandis qu'elle se détourne et regarde dans la direction opposée au porche.)* Je ne suis pas oubliée par Jésus ! Non, mon doux Sauveur ne m'a pas oubliée ! Mon heure n'est connue ni de moi ni de toi, Baby Doll, mais elle est connue de Lui, et quand elle arrivera, Il m'appellera. Un vent descendra sur moi, qui me soulèvera et m'emportera ! Comme il emportera les roses quand elles deviendront comme moi...

(La musique se tait, et tante Rose se retourne vers le tribunal qui siège sous le porche.)

BABY DOLL, *elle s'éclaircit encore la voix.*

C'est très bien, tante Rose, d'avoir confiance en Jésus, mais il faut se rappeler que Jésus n'aide que ceux qui... eh bien... ceux qui s'aident eux-mêmes !

TANTE ROSE

Oh, je le sais bien, Baby Doll. *(Elle rit.)* Je l'ai appris dès le berceau, je crois même que je l'ai appris avant de naître. Mais est-ce que j'ai jamais été réduite à l'impuissance ? Les jours où j'ai été malade, les jours où je n'ai pas été sur mes pieds à m'occuper de tout, je pourrais les compter sur mes doigts ! Mon doux Sauveur m'a toujours gardée bien portante et alerte, alerte et bien portante, oui, c'est là que je mets ma fierté, l'âge n'a pas fait de moi un fardeau !

Et quand viendra l'heure où je devrai me reposer sur Son épaule, je...

(Archie Lee se retourne brutalement.)

ARCHIE LEE

Tous ces discours sur Jésus et sur les blettes qui n'ont pas bouilli n'ont rien à voir avec la situation ! Maintenant, tante Rose, écoutez-moi bien...

BABY DOLL, *elle se lève.*

Archie Lee, s'il te plaît, retiens ta langue un moment !

ARCHIE LEE

Alors, parle, toi ! Et clairement ! Pas besoin de tellement tourner autour du pot !

BABY DOLL

À chacun sa façon de s'expliquer !

ARCHIE LEE

Eh bien, expliquons-nous, et ne parlons plus de Jésus ! Il y a Susie, il y a Jim, il y a Tom et Jane et il y a Bunny ! Et si aucun d'eux ne lui convient, il y a toujours les hospices du canton qui la prendront ! À elle de décider chez qui elle est prête à aller faire un séjour. Demain au saut du lit, j'empile ses affaires dans la voiture et je l'emmène chez celui qu'elle a choisi ! Bon, c'est-y pas là une méthode plus simple que de constamment tourner autour du pot ? Tante Rose n'est pas bête. Elle a compté les pièces de la maison ! Elle sait que je suis nerveux, elle sait que j'ai mon travail à faire, et qu'un travailleur a besoin d'être bien nourri ! Et que sa maison est sa maison et qu'il veut que sa maison soit comme il veut qu'elle soit ! Bon Dieu de bon Dieu, si ça n'est pas là une façon honnête, claire et nette de régler la question, je me lave les mains de cette histoire, et je vous laisse toutes les deux à vous expliquer comme vous le pourrez ! Oui, vous pourrez toujours courir pour que je... !

(Il se précipite à l'intérieur de la maison, et

claque la porte métallique. Long silence, pendant lequel Baby Doll regarde avec embarras dans le vide, et tante Rose garde les yeux fixés sur la porte.)

TANTE ROSE, *finalement.*

Je croyais, mes enfants, que vous aimiez bien ma cuisine.

(Le jardin est baigné d'une pénombre bleue. Tante Rose s'éloigne du porche, et on entend des accords musicaux. Mais la musique est submergée par le miaulement du vent, qui devient tout à coup furieux. Baby Doll se lève de sa chaise de rotin.)

BABY DOLL

Archie Lee, Archie Lee, viens m'aider à rentrer les chaises avant que le vent les renverse ! *(Elle tire sa chaise vers la porte.)* Regarde, écoute ! C'est une trombe qui approche ! Tiens la porte ouverte ! Rentre cette chaise ! Et celle-là ! On ferait bien de descendre à la cave ! *(Après réflexion.)* Tante Rose, rentrez donc, qu'on puisse fermer la porte !

(Tante Rose secoue doucement la tête. Puis elle regarde, au-dessus et au-delà des spectateurs, le ciel, où quelque chose de menaçant est en train de se former.)

BABY DOLL, *de l'intérieur.*

Fais rentrer tante Rose !

ARCHIE LEE

Cette vieille têtue refusera de bouger.

(La porte se referme en claquant. Le miaulement de chat furieux se transforme en un grondement lointain, et le grondement approche. Mais tante Rose reste dans le jardin, avec une expression pensive, sombre mais calme. Sa robe vague, de calicot gris, commence à voler autour d'elle, et à se coller contre son corps

squelettique. Elle regarde avec étonnement le ciel, puis la maison qui commence à s'effacer dans l'obscurité, puis de nouveau le ciel d'où vient cette obscurité, tout en conservant la même expression à la fois soucieuse et ferme. Neveux et nièces, cousins et cousines défilent rapidement dans son esprit, comme les pages d'un album, elle en a aimé certains comme s'ils avaient été ses enfants, mais aucun n'a vraiment été son enfant : aucun, chose curieuse, n'a jamais eu vraiment besoin du dévouement qu'elle a offert si généreusement ; c'est comme si elle avait constamment porté une gerbe de roses sans que personne lui offre jamais un vase pour les recevoir. Son mince châle gris est arraché de ses épaules. Elle fait un geste maladroit, et tombe à genoux. Les roses échappent de ses bras. Elle essaie vaguement de les rattraper. Elle réussit à en reprendre une ou deux. Les autres sont emportées par le vent. Elle se relève avec effort. La pénombre bleue tourne au mauve foncé, puis au noir, tandis que le grondement approche avec la violence d'une locomotive. On distingue la silhouette de tante Rose que le vent pousse vers le rosier.)

RIDEAU

VINGT-SEPT REMORQUES PLEINES DE COTON

(TWENTY SEVEN WAGONS FULL OF COTTON)

Traduction de Jacques Guicharnaud

PERSONNAGES

JAKE MEIGHAN, égreneur de coton
FLORA MEIGHAN, sa femme
SILVA VICARRO, gérant de la plantation de l'Union des producteurs

« Voici qu'Éros secoue mon âme comme le vent, qui vient de la montagne, tombe sur les chênes. »

SAPHO.

L'action se déroule sous le porche de la maison des Meighan, près de Blue Mountain, dans l'État du Mississippi.

DÉCOR

Le porche de la villa des Meighan, près de Blue Mountain, dans l'État du Mississippi. C'est un porche étroit, surmonté d'un seul pignon étroit. De chaque côté, des piliers fuselés soutiennent le toit. Porte de style gothique, encadrée de chaque côté par deux fenêtres gothiques. L'ogive de la porte contient un vitrail ovale, richement coloré : azur, écarlate, émeraude et or. Aux fenêtres, des rideaux blancs et mousseux, coquettement relevés et soutenus en leur milieu par des nœuds de satin bleu bébé. L'effet est à peu près celui d'une maison de poupée.

PREMIER TABLEAU

(C'est le début de la soirée, et le ciel est légèrement teinté de rose par le crépuscule. Peu de temps après le lever du rideau, Jake Meighan, gros homme de soixante ans, sort en hâte, tête baissée, par la porte, et court pour aller disparaître derrière la maison ; il porte un bidon de pétrole de quatre litres. Un chien aboie après lui. On entend démarrer une voiture, dont le bruit s'éloigne rapidement. Un peu plus tard, on entend Flora appeler à l'intérieur.)

FLORA

Jake ! Trouve plus mon sac de chevreau blanc ! *(Plus près de la porte.)* Jake ? Regarde des fois que je l'aurais laissé sur le siège à bascule. *(Une pause.)* Peut-être que je l'ai laissé dans la Chevy ? *(Elle apparaît à la porte métallique.)* Jake ! Regarde des fois que je l'aurais laissé dans la Chevy, Jake ?

(Elle sort dans le crépuscule dont la roseur se fane. Elle allume la lampe du porche, et regarde autour d'elle, en essayant d'écraser entre ses mains les moucherons attirés par la lumière. Seuls les criquets lui ont répondu. Elle lance un long appel nasillard.)

FLORA

Ja-a-a-ake !

(Au loin, une vache meugle, avec la même intonation. On entend une explosion étouffée, quelque part, à un peu moins d'un kilomètre. On commence à voir une étrange lueur clignotante, la réflexion d'une flambée. Au loin, des voix poussent des exclamations.)

VOIX, *aiguës, caquetant comme des poules.*

Z'avez entendu ce bruit ?
Ouais ! On aurait dit une bombe !
Oh, regardez !
Y a le feu !
Où ça ? Vous le savez ?
A la plantation de l'Union !
Oh, bon Dieu ! Allons-y !

(On entend au loin la sirène d'incendie.)

VOIX

Henri ! Démarre donc ! Vous voulez venir avec nous, vous autres ?
Oui, on arrive !

Grouille-toi, chérie !

(On entend embrayer une voiture.)

VOIX

On arrive !
Ben, grouillez-vous !

UNE VOIX, *de l'autre côté de la route de terre battue.*

M'ame Meighan ?

FLORA

Ou-i ?

LA VOIX

Vous allez pas voir le feu ?

FLORA

J'aimerais bien, mais Jake est parti avec la Chevy.

LA VOIX

Venez donc avec nous, mon petit !

FLORA

Mais je peux pas partir en laissant la maison ouverte ! Jake a emporté les clés. Vous savez ce que c'est, qui brûle ?

LA VOIX

Les bâtiments de l'Union !

FLORA

Les bâtiments de l'Union ! *(La voiture démarre et s'éloigne.)* Oh, mon Dieu !

(Elle remonte péniblement sous le porche, et s'assied sur le siège à bascule qui fait face à l'avant-scène. Elle se parle d'un ton tragique.)

FLORA

Personne ! Personne ! Jamais ! Jamais ! Personne !

(On entend les criquets. Puis on entend une

voiture s'approcher et s'arrêter derrière la maison. Enfin Jake apparaît sur le côté, il marche d'un pas tranquille comme si de rien n'était.)

FLORA, *d'un ton irrité et enfantin.*

Ah, te v'là !

JAKE

Quoi qu'y a, bébé ?

FLORA

J'aurais jamais cru qu'un être humain puisse être aussi méchant et se fiche autant des autres !

JAKE

Eh ! dis donc, t'y vas drôlement fort, quand tu me fais une réflexion de ce genre, madame Meighan. De quoi tu te plains, ce coup-ci ?

FLORA

Ficher le camp sans même me dire un mot !

JAKE

Qu'est-ce qu'y a de mal à ça ?

FLORA

Je t'ai dit que ma migraine venait et qu'il me fallait un remède, et y avait plus une bouteille dans la maison, et t'as dit : « Oui, mets tes frusques, et on file en ville illico ! » Alors je mets mes frusques, et j'arrive plus à trouver mon sac de chevreau blanc. Et puis je me souviens que je l'ai laissé su' l' siège avant de la Chevy. Je sors pour le chercher. Et où'ce que t'es ? Disparu ! Sans un mot ! Et puis v'là qu'y a une grosse explosion. Tiens, sens mon cœur !

JAKE

Que je sente le cœur de mon bébé ?

(Il pose une main sur son énorme poitrine.)

FLORA

Ouais, sens-le — il tape comme un marteau-pilon ! Comment je pourrais savoir ce qui s'est passé ? Toi, parti, disparu Dieu sait où !

JAKE, *brusquement.*

Ta gueule !

(Il repousse brutalement la tête de Flora.)

FLORA

Jake ! Pourquoi tu fais ça ?

JAKE

J'aime pas comme tu gueules. Faut que tu gueules tout ce que tu dis !

FLORA

Qu'est-ce qui te prend ?

JAKE

Rien.

FLORA

Et alors, pourquoi t'as disparu ?

JAKE

J'ai pas disparu !

FLORA

Et comment, que t'as disparu ! Tu vas pas me faire croire que t'as pas disparu, quand je viens juste de te voir et de t'entendre revenir avec la voiture ! Pour qui que tu me prends ? L'idiote du village ?

JAKE

Si t'es pas l'idiote du village, tu vas fermer ta grande gueule !

FLORA

Me cause pas comme ça !

JAKE

Allez, rentre.

FLORA

Que non ! Égoïste et sans égard, voilà ce que t'es ! Au dîner, je t'ai dit : « Y a plus une bouteille de Coca-Cola dans la maison. » T'as dit : « O.K., on finit de dîner et on file au drugstore de l'Étoile Blanche pour s'acheter un stock. » Et quand je suis sortie de la maison...

JAKE, *il se tient devant elle, et lui agrippe le cou de ses deux mains.*

Écoute ! Écoute bien ce que je te dis !

FLORA

Jake !

JAKE

Chut ! Tout simplement, écoute, bébé.

FLORA

Lâche-moi ! Sale brute, lâche ma gorge !

JAKE

Essaie seulement de bien te rappeler ce que je te dis !

FLORA

Tu me dis quoi ?

JAKE

Que j'ai pas quitté le porche.

FLORA

Hein !

JAKE

J'ai pas quitté le porche de devant la maison ! Pas depuis le dîner ! Tu comprends, maintenant ?

FLORA

Jake, mon trésor, tu déraille s !

JAKE

Peut-être. Mais t'occupe pas. Simplement, mets-toi bien ça dans la tête. J'ai pas quitté le porche de cette maison depuis le dîner.

FLORA

M'enfin, y a rien de plus vrai, que tu l'as quitté ! *(Il lui tord le poignet.)* Aïe ! Arrête ! arrête ! arrête !

JAKE

Où ce que je suis depuis le dîner ?

FLORA

Ici, ici ! Sous le porche ! Nom de Dieu, arrête de me tordre le poignet !

JAKE

Où ce que je suis depuis le dîner ?

FLORA

Sous le porche ! Sous le porche ! ici !

JAKE

A quoi faire ?

FLORA

Jake !

JAKE

A quoi faire ?

FLORA

Lâche-moi ! Bon Dieu, Jake ! Lâche-moi ! Arrête de tordre, tu vas me casser le poignet !

JAKE, *il rit entre ses dents.*

A faire quoi ? A quoi faire ? Depuis le dîner ?

FLORA, *elle crie en larmes.*

Comment est-ce que je serais foutue de le savoir ?

JAKE

Pass'que t'étais là avec moi, tout le temps, seconde après seconde ! Toi et moi, petit cœur, on est restés assis tous les deux sur le siège à bascule, et on n'a pas arrêté de se balancer depuis le dîner ! Tu t'es bien enfoncé ça dans la tête, maintenant ?

FLORA, *en gémissant.*

Lâche-moi !

JAKE

Ça y est ? Bien enfoncé dans la tête, maintenant ?

FLORA

Oui, oui, oui — lâche-moi !

JAKE

Et alors, qu'est-ce que j'ai fait ?

FLORA

Tu t'es balancé ! Nom de Dieu — tu t'es balancé !

(Il la lâche. Elle pleurniche et masse son poignet. Mais on a l'impression que tous deux n'ont pas été sans prendre un certain plaisir à la chose. Elle gémit et pleurniche. Il saisit les cheveux dénoués de Flora, lui renverse la tête, et lui colle un long baiser humide sur la bouche.)

FLORA, *elle gémit.*

Mmmmhmmm ! Mmmm ! Mmmm !

JAKE, *d'une voix altérée.*

Ça, c'est mon doux bébé.

FLORA

Mmmmm ! Fait mal ! Fait mal !

JAKE

Fait mal ?

FLORA

Mmmm ! Fait mal !

JAKE

Bise ?

FLORA

Mmmm !

JAKE

Bonne, la bise ?

FLORA

Mmmm...

JAKE

Bon ! Fais petite place.

FLORA

Fait trop chaud.

JAKE

Allez, fais petite place.

FLORA

Mmmm...

JAKE

Fâchée ?

FLORA

Mmmmmm.

JAKE

A qui, le bébé ? Le gros bébé ? Le doux bébé ?

FLORA

Mmmmmm ! Fait mal !

JAKE

Bise !

(Il porte le poignet de Flora à ses lèvres, et fait des bruits goulus.)

FLORA, *elle rit un peu.*

Arrête ! Idiot ! Mmmm !

JAKE

Qu'est-ce que je ferais si t'étais un gros gâteau ?

FLORA

Idiot.

JAKE

Miam-miam ! Miam-miam !

FLORA

Oh, toi...

JAKE

Qu'est-ce que je ferais si t'étais une meringue ? Une grosse meringue blanche avec des masses de sucre par-dessus ?

FLORA, *elle rit.*

Ça suffit !

JAKE

Miam-miam, miam-miam, miam-miam !

FLORA, *elle pousse un cri aigu.*

Jake !

JAKE

Quoi ?

FLORA

Tu me chat... ouilles !

JAKE

Réponds à petite question !

FLORA

Qu... quoi ?

JAKE

Où'ce que je suis depuis le dîner ?

FLORA

As pris la Chevy !...

(Il saisit de nouveau son poignet. Elle crie.)

JAKE

Où'ce que je suis depuis le dîner ?

FLORA

Sous l'porche !... Bascule !

JAKE

A quoi faire ?

FLORA

A te balancer ! Oh, bon Dieu, lâche-moi !

JAKE

Fait mal ?

FLORA

Mmmmm...

JAKE

Bon ?

FLORA, *pleurnichant.*

Mmmmmm...

JAKE

Maintenant, tu le sais, où j'ai été et ce que j'ai fait depuis le dîner ?

FLORA

Ouais...

JAKE

Des fois qu'on te le demanderait ?

FLORA

Y a quelqu'un qui va me le demander ?

JAKE

T'occupe pas de qui c'est qui va te le demander, simplement souviens-toi de la réponse ! D'accord ?

FLORA

D'accord. *(Elle se met à zozoter comme un bébé.)* T'es ici d'pis le dîner, assis su'l' siège à bascule. Et tu te balances, et tu te balances... T'es pas parti avec la Chevy. *(Lentement.)* Et alors, t'es tombé des nues quand le feu a éclaté à l'Union ! *(Jake la gifle.)* Jake !

JAKE

Tout ce que t'as dit, ça va. Mais va pas te faire des idées.

FLORA

Des idées ?

JAKE

Une femme comme toi, c'est pas fait pour avoir des idées. C'est fait pour être embrassée et serrée fort !

FLORA, *comme un bébé.*

Mmmm...

JAKE

Mais pas pour les idées. Alors, pas d'idées ! *(Il se lève.)* Allez, va monter dans la Chevy.

FLORA

On va voir le feu ?

JAKE

Non. Y a pas de feu à voir. On va en ville s'acheter une caisse de Coca-Cola, parce qu'il fait chaud et qu'on a soif.

FLORA, *d'un ton vague, en se levant.*

J'ai perdu mon sac de chevreau blanc...

JAKE

Il est sur le siège de la Chevy, là où tu l'as laissé.

FLORA

Eh, où tu vas ?

JAKE

Je vais aux W.-C. Je reviens tout de suite.

(Il entre dans la maison, laissant claquer la porte métallique derrière lui. Flora s'approche, en traînant des pieds, des marches du porche, et elle se tient là, avec un sourire vaguement idiot. Elle commence à descendre le perron, avançant toujours le même pied vers la marche inférieure, comme un enfant qui apprend à marcher. Elle s'arrête en bas des marches, et regarde le ciel avec une expression vide et béate, tout en entourant doucement de ses doigts son poignet meurtri. On entend Jake chanter à l'intérieur :)

« Ma poupée se fiche des bijoux,
Et de tout ce qui coûte des sous —
Ma poupée n'aime rien d'autre... que moi ! »

SECOND TABLEAU

Peu de temps après midi. Le ciel a la couleur des nœuds de satin aux rideaux de la fenêtre : un bleu transparent et innocent. Les démons de la chaleur miroitent sur la plaine du Delta, et la blanche façade pointue de la maison s'élève comme un cri perçant. L'égreneuse de Jake est en plein travail. On l'entend battre comme un pouls régulier, de l'autre côté de la route. De délicats duvets de coton flottent dans l'air.

Jake paraît, grand corps obstiné, avec des bras comme des jambons, couverts d'une toison de fins poils blonds. Il est suivi de Silva Vicarro, gérant de la plantation de l'Union, où l'incendie a eu lieu la nuit précédente. Vicarro est un homme de taille plutôt petite, au corps nerveux, brun, d'aspect et de tempérament méditerranéens. Il porte une culotte de cheval en reps, des bottes lacées, et un maillot de corps blanc. Autour de son cou, une chaînette avec une médaille catholique.

JAKE, *avec le paternalisme condescendant d'un homme de forte taille pour un homme de petite taille.*

Eh bien, monsieur, tout ce que je peux dire, c'est que vous êtes un drôle de petit veinard.

VICARRO

Veinard ? Comment ça ?

JAKE

Parce que je peux prendre un boulot de cette taille immédiatement ! Vingt-sept remorques pleines de coton, c'est un drôle de morceau, monsieur Vicarro. *(Il s'arrête devant le perron.)* Bébé ! *(Il mord dans une carotte de tabac à chiquer.)* C'est quoi, votre prénom ?

VICARRO

Silva.

JAKE

Comment ça s'épelle ?

VICARRO

S-I-L-V-A[1].

JAKE

En tout cas, y a pas à dire, vous avez de la veine que je puisse vous prendre. Si j'avais eu du travail comme y a quinze jours, j'aurais été obligé de vous dire non. BÉBÉ ! VIENS UN PEU ICI !

(Un vague bruit lui répond de l'intérieur.)

VICARRO

De la veine. Beaucoup de veine.

(Il allume une cigarette. Flora pousse la porte métallique, et sort. Elle porte une robe de soie rose pastèque, et elle serre contre sa poitrine le gros sac de chevreau blanc décoré d'une grande plaque de nickel qui porte ses initiales.)

JAKE, *avec fierté.*

Monsieur Vicarro, je veux que vous fassiez la connaissance de Mme Meighan. Bébé, voici un petit gars qu'a le cafard, et je veux que tu l'amuses pour moi. Il croit qu'il est dans la déveine parce que son égreneuse a brûlé. Il est là avec vingt-sept remorques pleines de coton qu'il faut égrener en vitesse pour son client le plus important de Mobile. Eh bien, monsieur, je lui dis, monsieur Vicarro, on vous doit des félicitations, pas parce que votre installation a brûlé, mais parce que moi, il se trouve que je peux me permettre de faire le travail pour vous. Dis-lui, toi, dis-lui comme il a de la veine !

FLORA, *avec nervosité.*

Moi, j'ai l'impression qu'il ne voit pas très bien que ça soit de la veine, d'avoir son égreneuse brûlée.

---

1. Le texte original comporte ici un jeu de mots prolongé entre *Silva* et *silver*, « argent », qui très souvent se prononcent de la même façon. *(N.d.T.)*

VICARRO, *aigrement.*

Non, ma'ame.

JAKE, *rapidement.*

Monsieur Vicarro. Y a des gars, quand ils se marient, ils prennent une fille quand elle est toute mince et toute menue. Ils aiment les tailles fines, vous comprenez ? Mais la fille, une fois qu'elle est confortablement installée, qu'est-ce qu'elle fait ? Elle s'étoffe, bien sûr !

FLORA, *pudiquement.*

Jake !

JAKE

Et alors, comment ils prennent ça ? Vous croyez qu'ils l'acceptent comme quelque chose de normal, quelque chose qui est dans l'ordre de la nature ? Que non ! Non, monsieur, pas une seconde ! Ils se mettent à croire qu'on leur a joué un sale tour ! Ils se disent que la fatalité a une dent contre eux parce que leur petite femme n'est plus aussi petite qu'avant. Parce qu'elle a pris des formes de mémère. Et ça, monsieur, c'est au fond d'un tas d'ennuis de ménage. Eh bien, moi, monsieur Vicarro, j'ai pas commis cette erreur-là. Quand je suis tombé amoureux de ce poupon-là, il avait exactement les formes que vous lui voyez aujourd'hui.

FLORA, *gênée, elle se dirige vers la balustrade du porche.*

Jake...

JAKE, *souriant de toutes ses dents.*

Pas une grosse femme, une femme énorme ! C'est comme ça qu'elle m'a plu, énorme ! Je me suis pas gêné pour le lui dire quand je lui ai mis la bague au doigt, dans une remise à bateaux du lac de la Lune, un samedi soir ; je lui ai dit : « Trésor, si jamais vous laissez tomber un seul kilo de ce corps-là, je vous plaque ! Je vous plaque, j'ai dit, le moment où je m'aperçois que vous commencez à perdre du poids ! »

Oh, Jake, s'il te plaît !

JAKE

J'aime pas ce qui est menu, moi, pas chez une femme. Je cours pas après le genre « petite femme », comme disent les Français. C'est ça que je veux, et c'est ça que *j'ai* ! Regardez-la donc, monsieur Vicarro. Regardez-la : elle rougit !

(Il saisit Flora par la nuque et essaie de lui faire tourner la tête.)

FLORA

Oh, ça suffit, Jake ! Ça suffit, tu trouves pas ?

JAKE

Un vrai poupon, je vous dis ! *(Flora se retourne soudain, et frappe Jake avec son sac blanc. Il rit et descend rapidement les marches. Au coin de la maison, il s'arrête et se retourne.)* Bébé, tu t'occupes de M. Vicarro et tu lui fais prendre ses aises, pendant que j'égrène ces vingt-sept remorques pleines de coton. C'est la politique de bon voisinage, monsieur Vicarro. Vous me rendez service, et moi je vous rendrai service ! À la revoyure ! À tout à l'heure, bébé !

(Il s'éloigne à grandes enjambées énergiques.)

VICARRO

La politique de bon voisinage !

(Il s'assied sur le perron du porche.)

FLORA, *s'asseyant sur le siège à bascule.*

Vraiment, il charrie !

(Elle pousse un rire foufou, et met son sac sur ses genoux. Vicarro regarde d'un air découragé les vibrations de l'air chaud au-dessus des champs. Sa lèvre ressort comme celle d'un

enfant qui fait la moue. On entend un coq, dans le lointain.)

FLORA

Moi, j'oserais pas m'exposer comme ça.

VICARRO

Vous exposer ? À quoi ?

FLORA

Au soleil. J'attrape de ces coups ! J'oublierai jamais le coup de soleil que j'ai attrapé une fois. C'était au lac de la Lune, un dimanche, avant mon mariage. Moi, j'ai jamais beaucoup aimé aller à la pêche, mais il y avait ce jeune homme, un des fils Peterson, qui insistait pour qu'on aille à la pêche. Eh bien, il a rien attrapé du tout, mais il restait là, à pêcher et à pêcher, et moi j'étais là, assise dans le bateau, avec tout ce soleil qui me tapait dessus. Je lui disais de rester sous les saules, mais non, il m'écoutait pas, et alors, c'était couru, j'ai attrapé un si sale coup de soleil qu'il a fallu que je dorme sur le ventre pendant trois nuits.

VICARRO, *absent.*

Qu'est-ce que vous dites ? Vous avez attrapé un coup de soleil ?

FLORA

Oui. Une fois, sur le lac de la Lune.

VICARRO

C'est pas gai. Vous vous êtes bien remise ?

FLORA

Oh, oui. Finalement. Oui.

VICARRO

Ça n'a pas dû être gai du tout.

FLORA

Une autre fois, je suis tombée dans le lac. C'était encore avec un des fils Peterson. Pendant une autre partie de pêche. C'était une drôle de bande, les fils Peterson. Chaque fois que je suis sortie avec eux, quelque chose est arrivé qui me l'a fait regretter. Une fois, des coups de soleil. Une autre fois, presque noyée. Et une autre fois, du sumac vénéneux ! Et pourtant, maintenant, quand j'y pense, on s'amusait bien quand même, malgré tout.

VICARRO

La politique de bon voisinage, hein ?

(Il frappe ses bottes avec sa cravache. Puis il se lève des marches.)

FLORA

Vous feriez aussi bien de venir sous le porche et de prendre vos aises.

VICARRO

Oui, oui.

FLORA

Je ne suis pas très bonne pour... la conversation.

VICARRO, *il fait enfin attention à elle.*

Voyons, il ne faut pas vous croire obligée de me faire la conversation, madame Meighan. Je suis le genre d'homme qui préfère qu'on s'entende sans rien dire. *(Flora rit à tout hasard.)* Il y a une chose que j'ai toujours remarquée chez les dames...

FLORA

Quoi, monsieur Vicarro ?

VICARRO

Il faut toujours qu'elles aient quelque chose dans les mains, quelque chose à quoi elles peuvent s'agripper. Tenez, ce sac blanc...

FLORA

Mon sac ?

VICARRO

Il n'y a pas de raison pour que vous gardiez ce sac entre vos mains. Vous n'avez certainement pas peur que je vous le vole !

FLORA

Oh, mon Dieu, non ! J'ai pas peur de ça !

VICARRO

Ça ne serait pas de la politique de bon voisinage, pas vrai ? Mais vous vous agrippez à ce sac parce que c'est quelque chose sur quoi vous avez prise. Ça n'est pas vrai ?

FLORA

Si. J'aime bien avoir quelque chose dans les mains.

VICARRO

Bien sûr. Vous sentez que le monde est plein de choses instables. Les égreneuses disparaissent dans les flammes. Le corps des pompiers a un matériel au-dessous de tout. Rien ne peut servir de protection. Le soleil de l'après-midi est chaud. Ça n'est pas une protection. Les arbres sont derrière la maison. Ça n'est pas une protection. L'étoffe de cette robe ça n'est pas une protection. Alors qu'est-ce que vous faites, madame Meighan ? Vous prenez ce sac de chevreau blanc. C'est du solide, c'est de la sécurité, c'est de la certitude. C'est quelque chose à quoi on peut s'agripper. Vous voyez ce que je veux dire ?

FLORA

Ouais. Je crois.

VICARRO

Ça vous donne l'impression d'être attachée à quelque chose. La mère protège son bébé ? Non, non, non, c'est le bébé qui protège sa mère ! Il l'empêche d'être perdue et vide et avec rien que des choses mortes dans les mains !

Peut-être que vous pensez qu'il n'y a pas beaucoup de rapport !

FLORA

Faudra me donner la permission de ne pas penser. Je suis trop paresseuse.

VICARRO

Quel est votre prénom, madame Meighan ?

FLORA

Flora.

VICARRO

Moi, c'est Silva[1]. C'est un nom italien. Je suis natif de La Nouvelle-Orléans.

FLORA

Alors, c'est pas le soleil qui vous a brûlé comme ça. Vous avez la peau naturellement foncée.

VICARRO, *remontant son maillot pour montrer son ventre.*

Regardez ça !

FLORA

Monsieur Vicarro !

VICARRO

Aussi foncé que mon bras !

FLORA

Pas la peine de me le montrer ! J'arrive pas du Missouri !

VICARRO, *souriant de toutes ses dents.*

Pardon.

---

1. Voir note 1, p. 217. *(N.d.T.)*.

FLORA, *avec un rire nerveux.*

Ouf ! J'ai le regret de vous dire que nous n'avons pas un Coca-Cola dans la maison. On avait l'intention d'aller acheter une caisse hier soir, mais avec toutes ces émotions...

VICARRO

Quelles émotions ?

FLORA

Oh, le feu et tout le reste.

VICARRO, *il allume une cigarette.*

Je ne vois pas pourquoi le feu vous aurait donné des émotions.

FLORA

Un feu, c'est toujours émotionnant. Après un feu, les chiens et les poules ne dorment pas. Je crois bien que nos poules n'ont pas dormi du tout la nuit dernière.

VICARRO

Ah, oui ?

FLORA

Elles caquetaient, elles s'agitaient, elles battaient des ailes sur leur perchoir, ça a pris de ces proportions ! Moi-même, j'ai pas pu dormir. Je suis restée étendue à transpirer toute la nuit.

VICARRO

Tout ça, à cause du feu ?

FLORA

Et à cause de la chaleur et des moustiques. Et puis j'étais furieuse contre Jake...

VICARRO

Furieuse contre M. Meighan ? Mais pourquoi ?

FLORA

Oh, bien, il est parti et il m'a laissée en plan, assise sous ce vieux porche sans un Coca-Cola dans la maison, hier soir.

VICARRO

Il est parti et il vous a laissée en plan, c'est ça ?

FLORA

Ouais. On avait à peine fini de dîner. Et quand il est revenu, il y avait longtemps que ça brûlait chez vous, et au lieu d'aller en ville comme il l'avait dit, il a décidé d'aller jeter un coup d'œil à votre égreneuse brûlée. J'ai attrapé de la fumée plein les yeux, et dans mon nez et dans ma gorge. Ça m'a fait mal aux sinus. J'étais tellement fatiguée et nerveuse que je me suis mise à pleurer. J'ai pleuré comme un bébé. Finalement j'ai pris deux cuillerées d'élixir parégorique. Assez pour endormir un éléphant. Mais je suis quand même restée éveillée, à entendre le chahut des poules, là dehors !

VICARRO

Si c'est vrai, vous avez dû passer une nuit bien pénible.

FLORA

Si c'est vrai ? Mais puisque je vous le dis !

VICARRO

Ainsi, à ce que vous dites, M. Meighan a disparu après le dîner ?

(Un silence, pendant lequel Flora regarde Vicarro avec un visage sans expression.)

FLORA

Hein ?

VICARRO

Vous dites que M. Meighan est sorti pendant quelque temps après le dîner ?

(Son ton fait comprendre à Flora qu'elle en a un peu trop dit.)

FLORA

Oh... euh... une minute, pas plus.

VICARRO

Pas plus d'une minute, hein ? Et combien de temps a-t-elle duré, cette minute ?

(Il la regarde avec intensité.)

FLORA

Où est-ce que vous voulez en venir, monsieur Vicarro ?

VICARRO

Où je veux en venir ? Nulle part.

FLORA

Vous me regardez d'un air !...

VICARRO

Il a disparu pendant une minute ! C'est ça ? Combien de temps a-t-elle duré, la minute pendant laquelle il a disparu ? Vous vous en souvenez, madame Meighan ?

FLORA

Quelle importance ? En tout cas, qu'est-ce que ça peut vous faire à vous ?

VICARRO

Pourquoi est-ce que ma question vous gêne ?

FLORA

Vous avez un ton... J'ai l'impression d'être devant un tribunal.

VICARRO

Ça ne vous amuse pas de jouer au témoin ?

FLORA

Témoin... témoin pour quoi, monsieur Vicarro ?

VICARRO

Oh, eh bien, par exemple, disons : au procès d'un incendiaire !

FLORA, *elle mouille ses lèvres.*

Le procès d'un... ? Un incendiaire, qu'est-ce que c'est ?

VICARRO

Un homme qui détruit par le feu, avec préméditation, la propriété d'autrui.

(Il donne un coup sec à ses bottes avec sa cravache.)

FLORA, *elle sursaute.*

Oh ! *(Elle tripote nerveusement son sac.)* Bon, eh bien, en tout cas, n'allez pas vous faire des idées bizarres...

VICARRO

Des idées sur quoi, madame Meighan ?

FLORA

Sur mon mari qui aurait disparu, après le dîner. C'est facile à expliquer.

VICARRO

C'est facile ?

FLORA

Bien sûr que c'est facile.

VICARRO

Bon ! Eh bien, expliquons-le ! *(Il la regarde fixement. Elle baisse les yeux.)* Qu'est-ce que vous avez ? Vous ne pouvez pas mettre de l'ordre dans vos idées, madame Meighan ?

FLORA

Non, mais...

VICARRO

Sur ce sujet-là, vous avez un trou ?

FLORA

Dites donc, vous...

(Elle se tortille sur le siège à bascule.)

VICARRO

Il vous est impossible, tout simplement, de vous rappeler pourquoi votre mari a disparu après le dîner ? Il avait une course à faire, et vous n'arrivez à pas imaginer laquelle, c'est ça ?

FLORA

Non ! non ! je n'y arrive pas !

VICARRO

Mais quand il est revenu, soyons précis... l'incendie venait d'éclater à l'Union ?

FLORA

Monsieur Vicarro, je n'ai pas la moindre idée de là où vous voulez en venir.

VICARRO

Vous êtes un témoin bien peu satisfaisant, madame Meighan.

FLORA

Je peux pas réfléchir quand les gens me regardent droit dans les yeux.

VICARRO

Très bien, je regarderai ailleurs. *(Il lui tourne le dos.)* Eh bien, ça améliore votre mémoire ? Vous pouvez maintenant vous concentrer sur la question ?

FLORA

Euh...

VICARRO

Non ? Vous ne pouvez pas ? *(Il se retourne vers elle, en souriant diaboliquement.)* Alors... si vous voulez qu'on parle d'autre chose...

FLORA

Moi, je demande pas mieux.

VICARRO

Pas la peine de pleurer sur une égreneuse brûlée. Le monde est construit sur le principe de donnant donnant.

FLORA

Qu'est-ce que vous voulez dire ?

VICARRO

Rien de précis. Vous permettez ?...

FLORA

Quoi ?

VICARRO

Vous voulez vous pousser un peu et me faire une petite place ? *(Flora glisse un peu sur le siège. Il s'assied à côté d'elle.)* J'aime les sièges à bascule. J'ai toujours aimé me balancer sur un siège à bascule. Ça détend... Z'êtes détendue ?

FLORA

Bien sûr.

VICARRO

Ce n'est pas vrai. Vos nerfs sont en boule.

FLORA

Eh bien, c'est vous qui me rendez comme qui dirait nerveuse. Avec toutes vos questions à propos du feu...

VICARRO

Je ne vous ai pas posé de questions sur le feu. Je vous ai simplement posé des questions sur la sortie de votre mari après le dîner.

FLORA

Je vous l'ai expliquée.

VICARRO

Bien sûr. C'est vrai. Vous me l'avez expliquée. La politique de bon voisinage. J'aime beaucoup la remarque que votre mari a faite sur la politique de bon voisinage. Je vois ce qu'il veut dire, maintenant.

FLORA

Il parlait du discours du président Roosevelt. On est restés à l'écouter, une nuit de la semaine dernière.

VICARRO

Non, à mon avis il parlait de quelque chose de beaucoup plus proche, madame Meighan. « Vous me rendez service et moi, je vous rendrai service », c'est comme ça qu'il l'a dit. Vous avez du coton sur la figure. Ne bougez pas, je vais vous l'enlever. *(Avec délicatesse, il enlève le duvet.)* Et voilà.

FLORA, *nerveusement.*

Merci.

VICARRO

Il y a plein de fin duvet de coton qui flotte dans l'air.

FLORA

Je sais bien. Ça m'irrite le nez. Je crois que ça me remonte dans les sinus.

VICARRO

C'est que vous êtes une femme très délicate.

FLORA

Délicate ? Moi ? Oh, non, je suis trop grosse pour ça.

VICARRO

Votre taille fait partie de votre délicatesse, madame Meighan.

FLORA

Qu'est-ce que vous voulez dire ?

VICARRO

Vous avez de quoi, mais chaque morceau est délicat. Du premier choix. Appétissant, si j'ose dire.

FLORA

Hein ?

VICARRO

Je veux dire qu'il n'y a rien de grossier en vous. Vous êtes douce. Vous avez une fine texture. Et vous êtes lisse.

FLORA

Il n'y a pas à dire, notre conversation devient très personnelle.

VICARRO

Oui. Vous me faites penser à du coton.

FLORA

Hein ?

VICARRO

Du coton !

FLORA

Eh bien ! Faut que je dise « merci » ? Ou quoi ?

VICARRO

Non, souriez tout simplement, madame Meighan. Vous avez un sourire séduisant. Des fossettes !

FLORA

Non...

VICARRO

Mais si ! Souriez, madame Meighan ! Allez, souriez ! *(Flora se détourne, elle ne peut pas s'empêcher de sourire.)* Ça y est ! Vous voyez ! Vous avez des fossettes !

(Délicatement, il touche une de ses fossettes.)

FLORA

S'il vous plaît, ne me touchez pas. Je n'aime pas qu'on me touche.

VICARRO

Alors pourquoi est-ce que vous riez ?

FLORA

Peux pas m'en empêcher. Vous me rendez tellement nerveuse, monsieur Vicarro. Monsieur Vicarro...

VICARRO

Oui ?

FLORA

J'espère que vous ne croyez pas que Jake a quoi que ce soit à voir avec l'incendie. Je vous jure qu'il n'a jamais quitté le porche. Je m'en souviens parfaitement, maintenant. On a passé la soirée sur le siège à bascule jusqu'à ce que l'incendie éclate, et puis on a pris la voiture pour aller en ville.

VICARRO

Pour célébrer l'occasion !

FLORA

Non, non, non.

VICARRO

Vingt-sept remorques pleines de coton, c'est une bien grosse affaire qui vous tombe dans les bras comme un don des dieux, madame Meighan.

FLORA

Je croyais que vous aviez dit qu'on n'en parlerait plus.

VICARRO

C'est vous qui avez commencé, cette fois-ci.

FLORA

Eh bien, s'il vous plaît, n'essayez plus de me brouiller les idées. Je vous jure que l'incendie avait déjà éclaté quand il est revenu.

VICARRO

Ça n'est pas ce que vous venez de me dire.

FLORA

Vous m'avez tout embrouillée. On est allés en ville. L'incendie a éclaté, et on n'en savait rien.

VICARRO

Vous ne m'avez pas dit qu'il avait irrité vos sinus ?

FLORA

Oh, mon Dieu, vous vous y entendez, pour me faire dire ce que j'ai pas dit ! Peut-être que je ferais mieux d'aller nous faire une limonade.

VICARRO

Il ne faut pas vous déranger.

FLORA

Je vais y aller, et ça prendra pas longtemps, mais, pour le moment, je suis trop faible pour me lever. Je sais pas pourquoi, mais je peux à peine tenir mes yeux ouverts. Ils n'arrêtent pas de se fermer. À mon avis, on est un peu trop serrés, deux sur un siège à bascule. Vous voulez me faire plaisir, et aller vous asseoir là-bas ?

VICARRO

Pourquoi est-ce que vous voulez que je me déplace ?

FLORA

À deux serrés comme ça, on dégage trop de chaleur.

VICARRO

Un corps peut emprunter de la fraîcheur à un autre.

FLORA

À ce qu'on m'a toujours dit, c'est de la chaleur que les corps empruntent.

VICARRO

Pas dans le cas présent. Je suis frais.

FLORA

C'est pas l'impression que vous me faites.

VICARRO

Je suis frais comme la rosée. Si vous ne me croyez pas, touchez-moi.

FLORA

Où ?

VICARRO

N'importe où.

FLORA, *se levant avec de grands efforts.*

Excusez-moi. Il faut que je rentre. *(Il l'oblige à se rasseoir.)* Pourquoi vous faites ça ?

VICARRO

Je ne veux pas que vous me priviez déjà de votre compagnie.

FLORA

Monsieur Vicarro, vous devenez drôlement familier.

VICARRO

Vous n'avez donc pas envie de vous amuser ?

FLORA

Ce que vous faites ne m'amuse pas.

VICARRO

Alors, pourquoi vous riez ?

FLORA

Je suis chatouilleuse ! Cessez de me tapoter, s'il vous plaît !

VICARRO

C'est pour chasser les mouches.

FLORA

Laissez-les donc tranquilles. Elles font rien de mal.

VICARRO

J'ai l'impression que vous aimez qu'on vous tapote.

FLORA

Non. Je vous demande d'arrêter.

VICARRO

Vous aimeriez être frappée plus fort.

FLORA

Non, j'aimerais pas ça !

VICARRO

Ce bleu, là, sur votre poignet...

FLORA

Et alors ?

VICARRO

Je soupçonne quelque chose.

FLORA

Quoi ?

VICARRO

Il a été tordu. Par votre mari.

FLORA

Vous êtes cinglé.

VICARRO

Si, j'ai raison. Et vous avez aimé ça.

FLORA

Sûrement pas ! Ça ne vous ferait rien, de retirer votre bras ?

VICARRO

Ne soyez pas si capricieuse.

FLORA

Bon. Eh bien, je vais me lever.

VICARRO

Allez-y.

FLORA

Je me sens si faible.

VICARRO

Le vertige ?

FLORA

Un petit peu. Oui. La tête me tourne. J'aimerais que vous cessiez de nous balancer.

VICARRO

On ne se balance pas fort.

FLORA

Même si c'est pas fort, c'est déjà trop.

VICARRO

Vous êtes une femme très délicate. Une fcmmc qu'on peut appeler forte, aussi.

FLORA

Comme l'Amérique. Forte.

VICARRO

C'est une drôle de réflexion...

FLORA

Ouais. Je sais pas pourquoi je l'ai faite. Ça bourdonne tellement dans ma tête.

VICARRO

Ça tourbillonne ?

FLORA

Ça tourbillonne et ça bourdonne... J'ai quelque chose sur le bras ?

VICARRO

Non.

FLORA

Alors, pourquoi vous le brossez ?

VICARRO

J'enlève la transpiration.

FLORA

Laissez-le tranquille.

VICARRO

Laissez-moi l'essuyer.

(Il essuie le bras de Flora avec son mouchoir.)

FLORA, *elle rit faiblement.*

Non, s'il vous plaît, pas ça. Ça me fait un drôle d'effet.

VICARRO

Quel effet ?

FLORA

Ça me chatouille. Ça monte et ça descend. Ça suffit maintenant. Si vous n'arrêtez pas, je vais appeler.

VICARRO

Appeler qui ?

FLORA

Je vais appeler ce nègre. Le nègre, là-bas, qui coupe l'herbe de l'autre côté de la route.

VICARRO

Allez-y. Appelez-le donc.

FLORA, *voix faible.*

Hé ! hé, boy !

VICARRO

Vous ne pouvez pas crier plus fort ?

FLORA

Je me sens si drôle. Qu'est-ce qui m'arrive ?

VICARRO

C'est que vous êtes en train de vous détendre. Vous êtes forte. Vous êtes le type de la femme forte. Je vous aime bien. Ne vous énervez pas.

FLORA

Je ne m'énerve pas, mais c'est vous...

VICARRO

Qu'est-ce que je fais ?

FLORA

Vos soupçons. À propos de mon mari, et les idées que vous vous faites sur moi.

VICARRO

Par exemple ?

FLORA

Qu'il aurait brûlé votre égreneuse. C'est pas vrai. Et puis, je ne suis pas une grosse balle de coton. *(Elle parvient à se lever.)* Je rentre.

VICARRO, *il se lève.*

Bonne idée.

FLORA

J'ai dit que moi, j'allais rentrer. Pas vous.

VICARRO

Pourquoi pas ?

FLORA

Ça va faire foule à l'intérieur, vous et moi.

VICARRO

C'est « trois » qui est une foule. Nous ne sommes que deux.

FLORA

Vous allez rester dehors. Attendez-moi ici.

VICARRO

Qu'est-ce que vous allez faire ?

FLORA

Je vais nous faire un cruchon de limonade bien fraîche.

VICARRO

D'accord. Allez, entrez.

FLORA

Qu'est-ce que vous allez faire ?

VICARRO

Vous suivre.

FLORA

Je me doutais bien que vous pourriez avoir cette intention-là. On va rester tous les deux à l'extérieur.

VICARRO

Au soleil ?

FLORA

On va s'asseoir où il y a de l'ombre. *(Il lui barre la route.)*

Ne me barrez pas la route.

VICARRO

C'est vous qui barrez la mienne.

FLORA

J'ai la tête qui tourne.

VICARRO

Vous devriez vous allonger.

FLORA

Comment je peux ?

VICARRO

Rentrez.

FLORA

Vous me suivriez.

VICARRO

Et alors ?

FLORA

J'ai peur.

VICARRO

Vous commencez à pleurer.

FLORA

J'ai peur !

VICARRO

Peur de quoi ?

FLORA

De vous.

VICARRO

Je suis tout petit.

FLORA

J'ai la tête qui tourne. J'ai les jambes molles comme du beurre. Faut que je m'assoie.

VICARRO

Rentrez.

FLORA

Je peux pas.

VICARRO

Pourquoi ?

FLORA

Vous me suivriez.

VICARRO

Ça serait si terrible ?

FLORA

Vous avez une expression mauvaise dans les yeux, et je n'aime pas le fouet. Je vous le jure, il n'a jamais fait ça ; ce n'est pas lui, je vous le jure.

VICARRO

Qu'est-ce qu'il n'a jamais fait ?

FLORA

Le feu...

VICARRO

Allez-y.

FLORA

S'il vous plaît, pas ça !

VICARRO

Pas quoi ?

FLORA

Posez-le. Le fouet, s'il vous plaît, posez-le. Laissez-le ici sous le porche.

VICARRO

Qu'est-ce que vous craignez ?

FLORA

Vous.

VICARRO

Allez-y.

(Elle ne peut rien faire d'autre que de se tourner et de se diriger vers la porte métallique. Vicarro ouvre la porte.)

FLORA

Ne me suivez pas. S'il vous plaît, ne me suivez pas !

(Elle oscille en hésitant. Il pose sa main sur elle, et la pousse. Elle entre. Il la suit. La porte se referme sans bruit. On entend, de l'autre côté de la route, le bruit rythmé, lent et régulier, de l'égreneuse. À l'intérieur de la maison, un cri, sauvage et désespéré. Une porte claque. Le cri se fait de nouveau entendre, plus faiblement.)

TROISIÈME TABLEAU

Le même jour, vers neuf heures du soir. Bien que le ciel derrière la maison ait pris une couleur rose foncé, la pleine lune de septembre, d'une intensité extravagante, projette sur la façade de la maison un éclat spectral. Les chiens hurlent comme des démons sur la morne plaine du Delta.

Le porche de la maison Meighan est désert. Au bout d'un certain temps, la porte métallique s'ouvre lentement, et Flora Meighan apparaît peu à peu. Elle a l'air ravagé. Sous le clair de lune, son regard est vide et limpide, ses lèvres un peu entrouvertes. Elle avance les mains tendues devant elle, jusqu'à ce qu'elle atteigne un des piliers du porche. Là, elle s'arrête. Elle gémit un peu. Ses cheveux sont dénoués et en désordre. Elle ne porte rien d'autre sur son buste qu'une bande déchirée d'étoffe rose, qui cache ses seins. On devine sur ses épaules nues et sur ses bras des stries foncées, et sur sa joue, un bleu de bonne taille. Un filet sombre, maintenant coagulé, descend d'un coin de sa bouche. Ce sont ces traces les plus apparentes qu'elle dissimulera d'une main quand Jake montera sous le porche. Pour le moment, on l'entend approcher en chantant.

JAKE

« Sous les rayons, sous les rayons, sous les rayons, de la lune d'argent ! »

(Instinctivement Flora recule dans la zone d'ombre nettement dessinée que projette le toit du porche. Jake est trop fatigué et trop plein de son triomphe de la journée pour remarquer l'aspect de Flora.)

JAKE

Comment va le bébé ? *(Flora pousse un grognement plaintif.)* Fatiguée ? Trop claquée pour causer ? Ben, moi aussi, tiens. Trop claqué pour causer. Si claqué que j'ai même pas la force de dire merde. *(Il se laisse tomber sur les marches, avec un gémissement, n'ayant donné à Flora qu'un rapide coup d'œil.)* Vingt-sept remorques pleines de coton. Voilà ce que j'ai égrené depuis ce matin dix heures. Ça, c'est du travail d'homme.

FLORA, *voix rauque.*

Oui, oui... du travail d'homme...

JAKE

Vingt-sept remorques, *pleines* de coton !

FLORA, *elle répète machinalement.*

Vingt-sept remorques, *pleines* de coton !

(On entend hurler un chien. Flora émet un rire haletant.)

JAKE

Qu'est-ce qui te fait marrer, trésor ? C'est pas moi, au moins ?

FLORA

Non...

JAKE

J'aime mieux ça. Le boulot que j'ai fait — y a pas de quoi se marrer. J'ai fait marcher cette bande de nègres comme un muletier. Ils ont pas de cervelle dans le corps. Ils ont un corps, c'est tout. Alors, faut toujours être là, à les faire sauter, sauter, sauter ! Je comprends même pas comment les nègres arrivent à manger si on leur dit pas de se mettre la bouffe dans la bouche !

(Flora rit encore, on dirait que de l'eau coule de sa bouche.)

JAKE

Hein ! Quand tu ris, on dirait... ! Cré nom, c'est quand même du boulot que j'ai fait aujourd'hui !

FLORA, *lentement.*

Moi, je ne me vanterais pas tant...

JAKE

Je me vante pas ! Je dis simplement que j'ai fait un sacré boulot aujourd'hui ; je suis claqué ; tout ce que je veux, c'est qu'on le reconnaisse un peu, au lieu de râler. Trésor...

FLORA

Mais je... *(Elle rit encore.)*... ne râle pas.

JAKE

Prendre un boulot de cette taille, le finir, et ensuite faire remarquer qu'on l'a fini... moi, j'appelle pas ça se vanter.

FLORA

T'es pas le seul... à avoir eu une grosse journée... de boulot.

JAKE

T'en connais un autre ?

(Un silence.)

FLORA

Tu crois peut-être que je me la suis coulée douce.

(Nouveau rire perlé.)

JAKE

Tu ris comme si t'avais pris une foutue cuite. *(Flora rit.)* Avec quoi tu t'es soûlé la gueule ? Avec le poison pour les cafards ou avec le purodor ? Si tu veux que je te dise, t'as pas à te plaindre de ta vie : je boulonne comme un forçat pour que tu puisses te payer une négresse pour la lessive et tout le ménage. Une femme-éléphant qui fait sa fragile comme une petite fleur, v'là ce que j'ai sur les bras.

FLORA

Bien sûr... *(Elle rit.)* J'ai pas à me plaindre !

JAKE

Je t'ai jamais encore vue lever le petit doigt. T'es même devenue trop paresseuse pour te mettre tes affaires sur le dos. À moitié à poil, à traîner toute la journée dans la maison. T'es dans la lune. Tout ce que tu sais dire, c'est : « Donne-moi un Coca-Cola. » Eh bien, fais gaffe. Ils ont un nouveau service, au gouvernement. Ça s'appelle le service des EQSR. Ça veut dire : les Épouses Qui Servent à Rien. Ils ont des plans secrets tout prêts, pour les fusiller !

(Il rit de sa plaisanterie.)

FLORA

Des plans secrets... tout prêts ?

JAKE

Pour les fusiller.

FLORA

C'est bien, ça. Ça fait plaisir à entendre.

(Elle rit encore.)

JAKE

Je rentre claqué, et immédiatement, faut que tu me houspilles. Qu'est-ce qui te met en rogne, maintenant ?

FLORA

À mon avis, c'était une erreur.

JAKE

Qu'est-ce qui était une erreur ?

FLORA

Que, toi, t'ailles faire des bêtises du côté de l'Union...

JAKE

C'est pas dit. On était tous plus ou moins contre eux, trésor. L'Union des producteurs, qui achète petit à petit toutes les terres des environs, et du coup v'là tous les vieux fermiers à la porte, et privés de leur revenu ; s'en est fallu d'un poil que ça fasse boire le bouillon à tous les marchands du canton de Two Rivers ! Et en plus, ils installent leur propre égreneuse pour égrener leur propre coton. Pendant un moment, j'ai cru que j'étais cuit, et pour de bon. Mais quand leur égreneuse a brûlé, et que M. Vicarro a décidé de me passer un peu de boulot, eh bien, je peux dire que la situation est devenue beaucoup moins pire !

FLORA, *un rire faible.*

Alors ça doit être que tu ne comprends pas la politique... de bon voisinage.

JAKE

Je la comprends pas ? Eh ! je suis le gars qui l'a inventée !

FLORA

Ouais ouais ! Pour une... invention, c'est... ! J'ai qu'une chose à dire : ... j'espère que tu es satisfait... maintenant que tu as égrené... vingt-sept remorques pleines de... coton.

JAKE

Vicarro, lui, il avait l'air assez content quand il est venu me voir.

FLORA

Oui. Il était assez... content.

JAKE

Comment ça a marché, vous deux ?

FLORA

Ça a marché. Comme... sur des roulettes.

JAKE

Il a pas l'air d'un si mauvais petit gars. Il se montre raisonnable.

FLORA, *elle rit sans pouvoir s'en empêcher.*

On peut le dire !

JAKE

J'espère que tu lui as fait prendre ses aises dans la maison ?

FLORA, *elle rit.*

Je lui ai fait... un cruchon... de limonade bien fraîche !

JAKE

Avec un petit peu de gin dedans, hein ? C'est comme ça que tu t'es soûlée. Un petit coup bien frais, ça me dirait assez maintenant. Il en reste ?

FLORA

Pas une goutte, monsieur Meighan. On a tout bu !

(Elle s'affale sur le siège à bascule.)

JAKE

Alors tu t'es pas tellement embêtée, après tout ?

FLORA

Non. Me suis pas embêtée du tout. J'ai fait gentiment la conversation avec M... Vicarro...

JAKE

De quoi vous avez parlé ?

FLORA

De la politique de bon voisinage.

JAKE, *il rit.*

Qu'est-ce qu'il en pense, de la politique de bon voisinage ?

FLORA

Oh... *(Petit rire.)* ...il pense que c'est... une bonne idée ! Il dit...

JAKE

Hein ? *(Flora rit faiblement.)* Il dit quoi ?

FLORA

Il dit...

(Elle part d'un nouveau spasme de rire.)

JAKE

On sait pas ce qu'il a dit... mais ça a dû être bougrement marrant !

FLORA

Il dit... *(Elle retient son rire.)* ...qu'il ne va sans doute pas se construire une nouvelle égreneuse. Il va te passer tout son coton, pour que tu l'égrènes... pour lui !

JAKE

Je te l'ai bien dit, qu'il serait raisonnable.

FLORA

Ouais. Il a décidé de revenir demain... avec encore des masses de coton. Peut-être encore vingt-sept remorques.

JAKE

Ouais ?

FLORA

Et pendant que tu lui égrènes son coton... il faudra que je lui tienne compagnie et que je lui fasse une bonne limonade !

(Elle a encore une crise de rire.)

JAKE

Plus tu me parles de cette limonade, plus elle me plaît. De la limonade dans les petits verres, hein ? Appellation contrôlée [1] ?

FLORA

Je crois que... ça va continuer... comme ça... tout le reste de l'été...

---

1. Traduction littérale : « De la limonade dans les grands verres ? M. Thomas Collins ? » — allusion au Tom Collins, cocktail à base de jus de citron et de gin. *(N.d.T.)*

JAKE, *il se lève, et s'étire avec satisfaction.*

Ah bien, ça va être... ça va être bientôt l'automne. Les nuits vont rafraîchir.

FLORA

Je crois pas que c'est ça... qui l'empêchera de... continuer...

JAKE, *sans faire attention à ce qu'elle vient de dire.*

Le fond de l'air est déjà plus frais. Tu devrais pas rester assise ici sans ta chemise, trésor. Avec un changement de température, tu risques d'attraper un sale rhume.

FLORA

Je pourrais rien supporter sur moi... sur ma... peau.

JAKE

C'est pas la chaleur qui te donne toute cette urticaire, c'est la boisson. La rougeole des pochards, voilà ce que t'as ! Je rentre pour aller aux W.-C. Quand je ressors... *(Il ouvre la porte métallique et entre.)*... on file en ville pour voir ce qu'ils jouent au ciné ! Allez, saute dans la Chevy !

(Flora rit pour elle-même. Elle ouvre lentement son énorme sac de chevreau blanc, et en tire une liasse de mouchoirs en papier. Elle se tamponne ici et là avec cette liasse, doucement, et avec un petit rire haletant.)

FLORA, *fort.*

Vraiment, je devrais pas avoir un sac en chevreau blanc. C'est gonflé de... de mouchoirs en papier... pour avoir l'air d'un... gros bébé ! Un gros... dans mes bras... un gros bébé !

JAKE, *de l'intérieur.*

Qu'est-ce que tu dis, bébé ?

FLORA, *elle se lève en s'aidant de la chaîne du siège à bascule.*

Je suis pas... un bébé ! Maman ! M'man ! C'est moi, ça...

(Le gros sac blanc dans les bras, elle avance lentement, avec une expression de tendresse, vers le perron du porche. La lune éclaire en plein son visage souriant et ravagé. Elle commence à se balancer doucement, en berçant le sac dans ses bras. Elle chante Rock-a-bye Baby :)

« Fais dodo, bébé, dans les hautes branches !
Si le grand vent souffle, le berceau se penche !

(Elle descend une marche.)

Si la branche ploie, bébé tombera !

(Elle descend une autre marche.)

Bébé tombera, du haut jusqu'en bas ! »

(Elle rit, et se met à regarder, avec une sorte d'extase vide, la lune.)

RIDEAU

TABLE

Cet ouvrage a été réalisé par la
SOCIÉTÉ NOUVELLE FIRMIN-DIDOT
Mesnil-sur-l'Estrée
pour le compte des Éditions U.G.E. 10/18
en juin 1996

Imprimé en France
Dépôt légal : juillet 1996
N° d'édition : 2671 - N° d'impression : 34960